Eckhard Lange

LÜBECK GANZ IN GRÜN

Ein Wegbegleiter durch 50 Parks und Grünanlagen

Dieses Buch verdankt sein Erscheinen einem großzügigen
Druckkostenzuschuß der Possehl-Stiftung

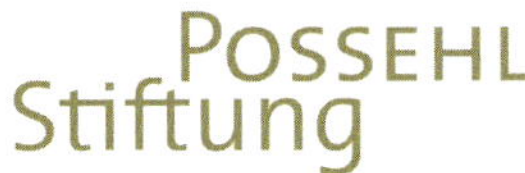

Bibliographische Information der Deutschen Nationalbibliothek
Die Deutsche Nationalbibliothek verzeichnet diese Publikation in der Deutschen Nationalbibliothek; detaillierte Daten sind im Internet über http://dnb.d-nb.de abrufbar.

Impressum

Eckhard Lange – Fliederstr. 4 – 23558 Lübeck
Mail: Eckh.Lange@web.de

Printed in Germany
Gesamtherstellung: Max Schmidt-Römhild GmbH & Co. KG, Lübeck
Gestaltung: Grafikstudio Schmidt-Römhild, Marc Schulz
ISBN 978-3-7950-5262-1

Inhaltsverzeichnis

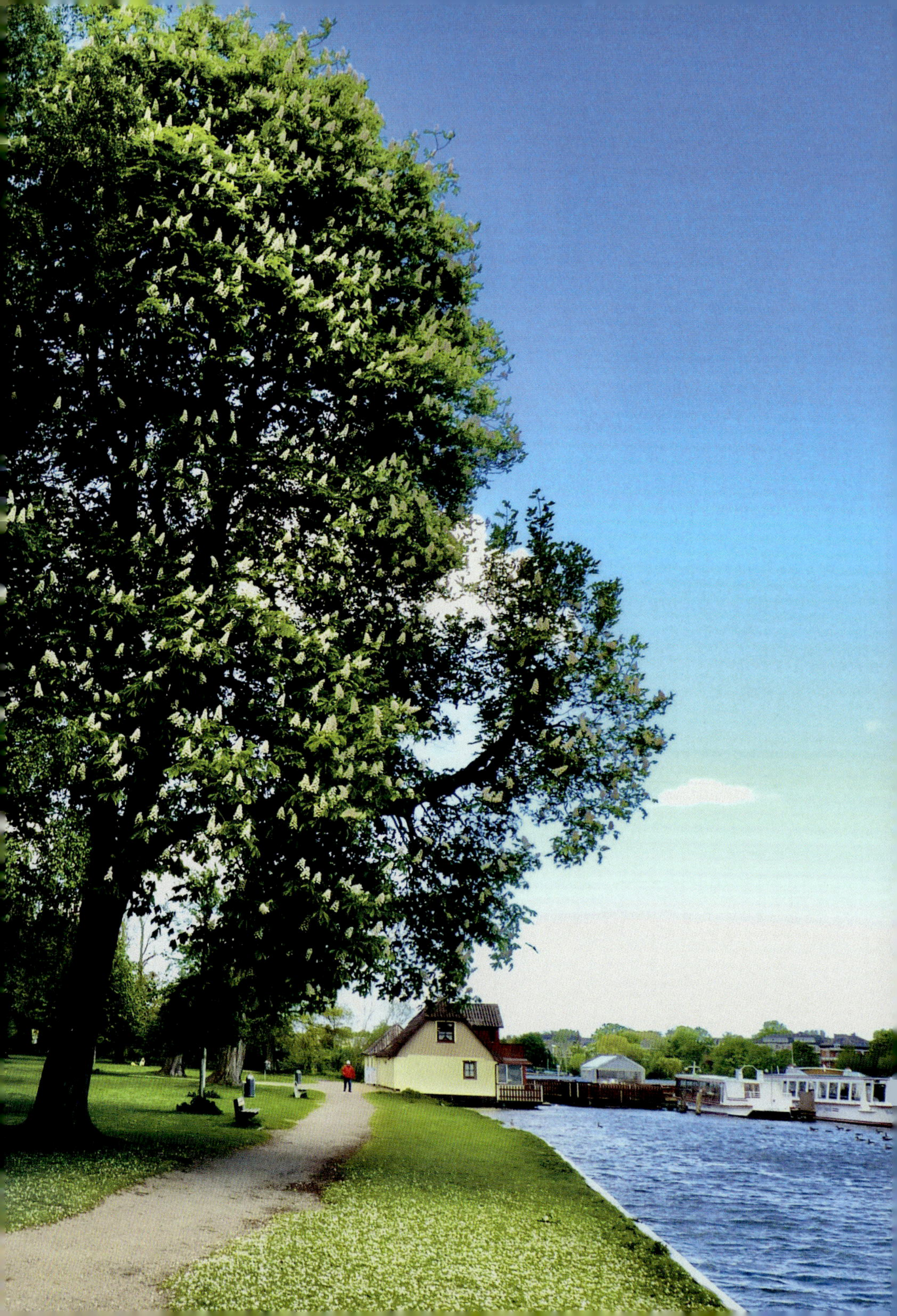

Die Wakenitz: Ein Flüsschen wird zur Seenlandschaft

Seit Ende der Eiszeit entwässert die Wakenitz den Ratzeburger See. Auf ihrer letzten Strecke durchfloß sie als schmales Flüßchen eine feuchte oder sumpfige Niederung, bis sie auf eine unüberwindliche Barriere stieß: Ein Moränenrücken zog sich vom Burgfeld zum Stadthügel und hinderte den Zugang zur Trave. So umrundete die Wakenitz diesen Hügel und erreichte die Trave erst weit im Süden unterhalb des Domes. Doch Lübecks Bürger nutzten den Fluß, um Mühlen und Wasserkünste zu betreiben. Mit jedem Stau hob sich der Wasserspiegel auf zuletzt vier Meter über der Trave und überschwemmte die Niederung, bis nur eine flache Landzunge im Osten der Stadt übrigblieb: die Falkenwiese, von den Städterinnen als Wäschebleiche genutzt. Die breit gewordene Wakenitz reichte damit an vielen Stellen bis fast an den Fuß der Stadtmauer.

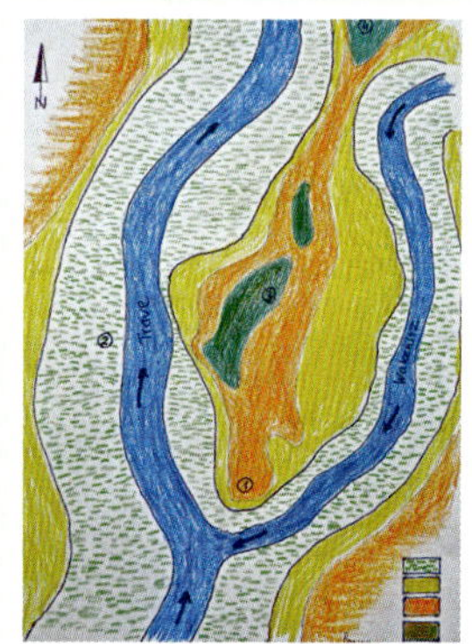

Hügel Buku um 1140

Erst mit dem Bau des Elbe-Lübeck-Kanals 1896-1900 änderte sich das Landschaftsbild: Um den tieferliegenden Kanal im Bett der Wakenitz ostwärts um die Stadtinsel herumzuführen, wurde sie durch den Falkendamm abgeriegelt und ein neuer Abfluß durch einen Düker geschaffen, der unter dem Kanal hindurch den Krähenteich erreicht – zusammen mit dem Mühlenteich der verkleinerte Rest der alten Wakenitz kurz vor ihrer Mündung. Auch die im 17. Jahrhundert angelegten Bastionen im Südwesten der Stadt wurden geschleift, soweit sie dem Bau im Wege standen, der Stadtgraben dort ebenso zugeschüttet wie weiter nördlich große Teile der Wakenitz, um dort einen Binnenhafen anzulegen, den Klughafen.

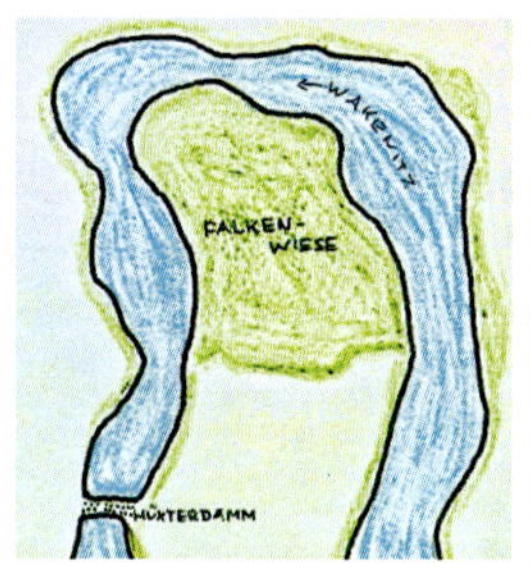

Flußverlauf um 1240

Zeichnungen: E. Lange

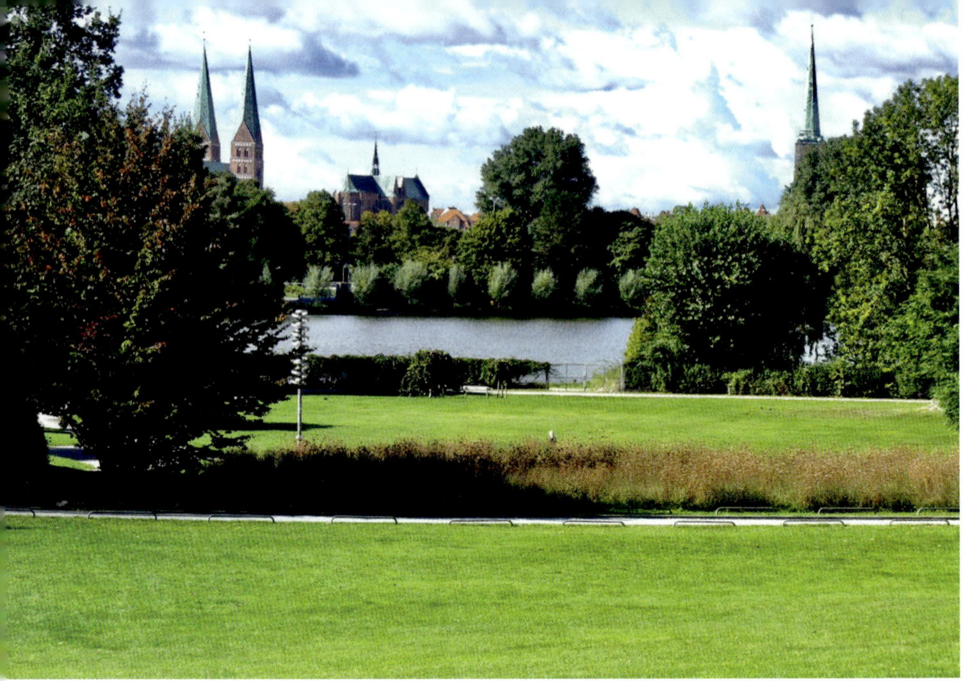

1. Marlipark / Drägerpark: Erholungsangebot für einen Stadtteil

***Marlistraße 22-36, Haltestelle: Drägerpark, Buslinien:* 4,11**

Im Osten hinderte ein Höhenrücken eine weitere Ausbreitung der Wasserfläche. Von der Marlistraße neigte er sich sanft zur Wakenitz hinunter. Dieses Grünland sollte der Erholung der dort lebenden Menschen dienen. Es war der Lübecker Stadtgärtner Erwin Barth, beeinflußt von der Volksparkbewegung, der den Reiz der Lage erkannte. So nutzte er die Topografie mit sechs individuellen Plätzen, von denen er Blicke nach Westen auf das Panorama von Lübeck gestaltete. Mit heimischer Baum- und Unterholzbepflanzung bildete er Räume mit Spazierwegen und sah Gräser und Kräuter statt Rasen vor. 1909 war die Idee verwirklicht. Am Ufer ergänzt das Freibad Marli dieses Erholungsangebot. Schon 1855 gab es in der Nähe eine öffentliche Badestelle, 1899 wird die Marli-Badeanstalt an der Alexanderstraße eröffnet.

1977 wird der Park erweitert und zu einer Naherholungslandschaft umgestaltet, ohne die bisherige Struktur völlig zu zerstören. Eine Spende der Dräger-Stiftung erlaubte es, früheres Gärtnerland anzukaufen und das Areal von 1,3 ha auf 4 ha zu vergrößern. Neu ist die Anlage von Spazierwegen, weitere Anpflanzungen von Baumgruppen an den Rändern und vor allem ein großer Spielbereich mit zwei Seilpyramiden, eine mit Lümmelnestern, sowie verschiedenen Balancierstrecken. Daneben gibt es Schaukeln und Rutschen in unterschiedlichen Formen, zum Beispiel auch durch eine Röhre. In den Sommermonaten ist zudem eine große Wasserspielanlage mit einem flachen Planschbecken in Betrieb. Seit dieser Erweiterung reicht der Park fast bis zum »Tor der Hoffnung«. Ein besonderes Angebot (wenigstens vor Beginn der Corona-Einschränkungen) war der „Schnullerbaum." Um Kindern die Abgewöhnung zu erleichtern, wurde ein Baum ausgewählt, an dessen Äste sie ihre Schnuller hängen können. Mitarbeiter lassen dann mit einem Hubsteiger die Kinder mit zur Baumkrone auffahren. Im Frühjahr blühen zahlreiche Narzissen auf den Rasenflächen, die im Winter auch gerne als Rodelbahn genutzt werden, Schneefall vorausgesetzt. Am Uferweg wurde 1993 ein von Steinmetzlehrlingen geschaffener Summstein aufgestellt. In den Hohlraum gesprochene Worte klingen verändert. Seit 1975 steht außerdem die drehbare Aluminiumplastik „*Doppelhelix*" von Hugo Kükelhaus im Park.

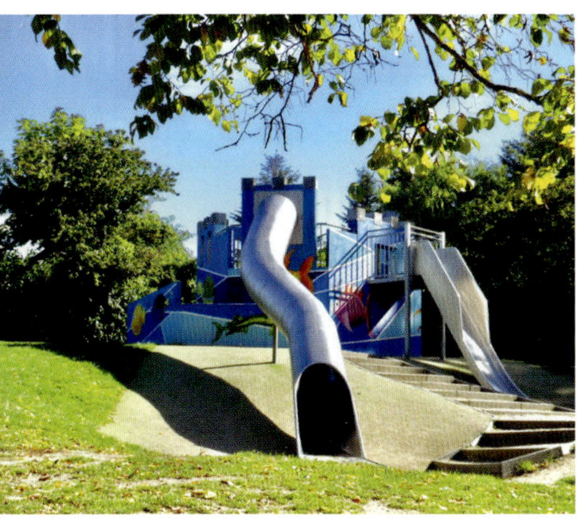

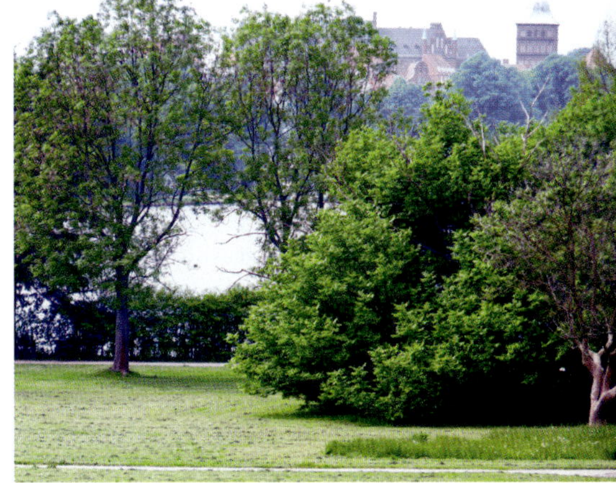

2. Die Grünanlage am Tor der Hoffnung

Rudolf-Groth-Str. 14-32, Haltestelle: Gneisenaustraße, Buslinien: 4,11

1936 errichtet der Lübecker Mäzen und spätere Ehrenbürger Rudolf (Rodolfo) Groth nur wenige Meter flußaufwärts auf der Höhe eine moderne Wohnanlage im Backsteinexpressionismus, die sich leicht geschwungen zur Wakenitz hin öffnet. In der Mitte erlaubt ein Tor den Durchgang. Darüber eine Inschrift, die der Anlage ihren Namen gab: Zur Rudolf-Groth-Straße hin lautet die Inschrift „Schlägt dir eine Hoffnung fehl, nie fehle dir das Hoffen. Ist ein Tor zugetan, sind tausend andere offen."

Zugleich erwarb Rodolfo Groth das Gelände bis hinab zum Ufer der Wakenitz und ließ dort einen öffentlichen Park anlegen, den er der Stadt schenkte, als Bestandteil der Gesamtanlage. Nachdem dort in Kriegszeiten Kleingärten angelegt wurden, konnte das ursprüngliche Bild 1952 wiederhergestellt werden. Vom Tor führt ein Weg hinunter auf ein Rondell mit einer kreisrunden Pflanzinsel zu, von dem aus zu beiden Seiten rechtwinklig weitere Wege abgehen, alle gesäumt von einer niedrigen, kantig geschnittenen Hecke. Der zentrale Weg setzt sich dann weiter fort durch eine Rasenfläche mit einigen Solitärbäumen; rechts und links schließen sich Kleingärten an. An einem weiteren Querweg endet die Zentralachse, um einem schmaleren Rasenplatz Raum zu geben, der an beiden Seiten nun Wege zum Uferweg hin freigibt, auch sie werden von Kleingärten begrenzt. Die Anlage endet mit einer halbkreisförmigen Rasenfläche, die in die Wakenitz hineinragt. Die nördlich abgehenden Wege führen direkt in den Drägerpark.

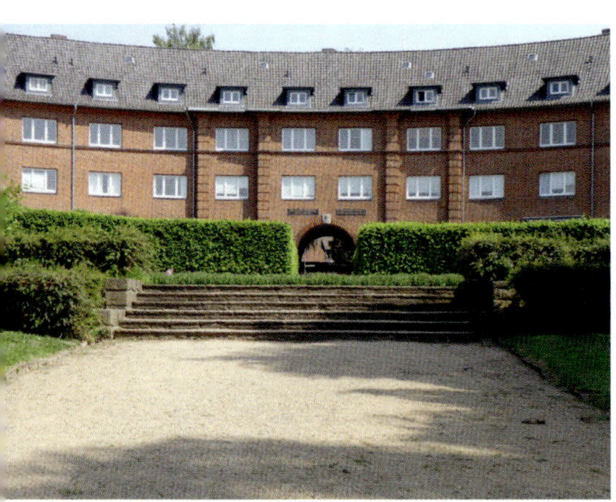

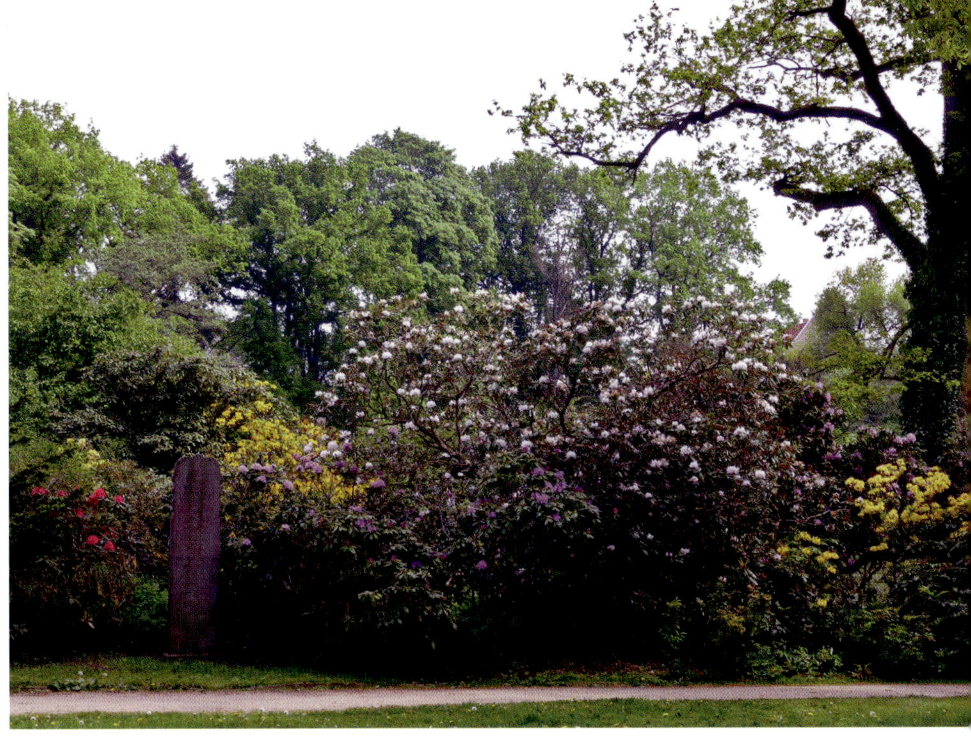

3. Stadtpark

Zwischen Parkstraße und Krüger-/Curtiusstraße, Haltestelle: Roeckstraße, Buslinien: 4,10,11,12,21

Durch den Stau der Wakenitz wurden weite Teile der Flußniederung überschwemmt, so auch eine Bucht nahe dem Burgtor, der Galgenbrook, benannt nach der nahegelegenen Hinrichtungsstätte. Zwar verlandete sie später zu einer feuchten Wiese, doch bei hohen Wasserständen wurde sie zu einem oft übelriechenden Sumpfgebiet. Als das Burgfeld immer stärker bebaut wurde, entschloß sich der Senat 1886, das Gebiet durch ein Siel zur Wakenitz hin zu entwässern. 1891 erhielt der Stadtgärtner Metaphius Theodor August Langenbuch den Auftrag, dem Wunsch der Bürgerschaft zu entsprechen und hier einen Volkspark zu planen. 1897 wurde dann eine Anlage von 12 Hektar begonnen und 1902 als Stadtpark eröffnet.

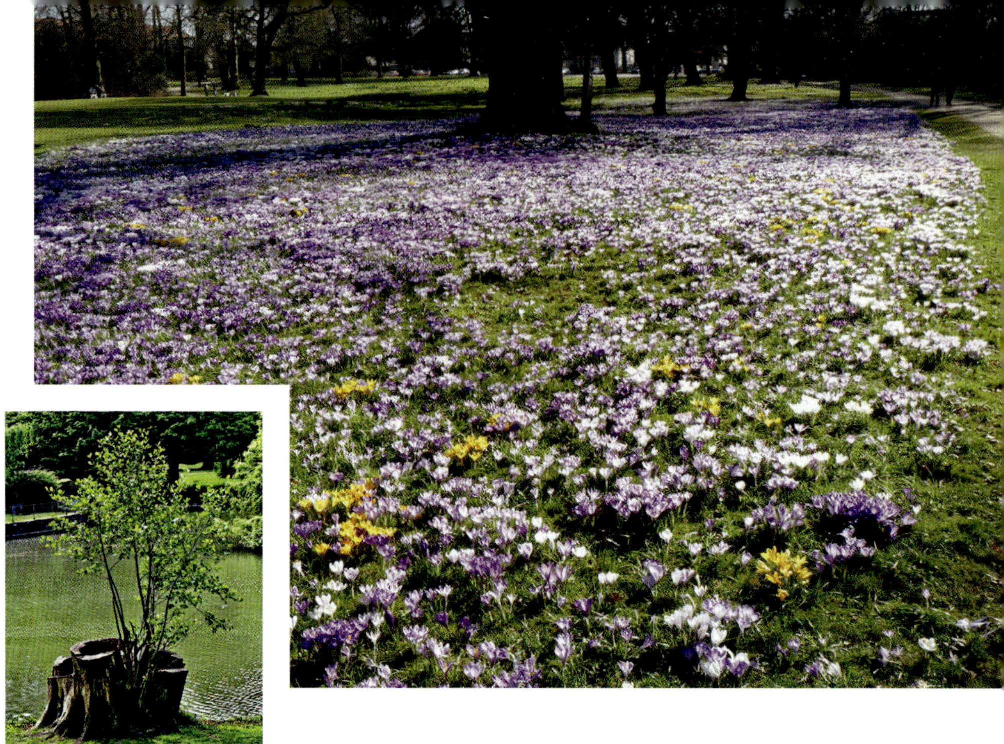

Neben schnellwachsenden Bäumen wie Pappeln, Weiden und auch Kastanien traten Linden und Eichen sowie seltene Gehölze. Blutbuchen und Silberahorne verleihen dem Park Farbigkeit, im Frühjahr kommen heute weite Flächen mit Krokussen und Narzissen hinzu. Im nordöstlichen Teil pflanzte man vor allem amerikanische Gehölze, wie etwa eine Gurkenmagnolie oder einen Mammutbaum. Aus Japan stammt dagegen der Schnurbaum am Zugang von der Parkstraße. Etwa 900 Bäume wachsen heute auf dem Parkgelände. Als 2006 vermehrt Neupflanzungen vorgenommen wurden, kamen die Purpuresche sowie am großen Teich ein Nymphenbaum (Nyssa sylvatica) hinzu.

Bemerkenswert auch eine Gruppe von Kaukasischen Flügelnüssen im Zentrum und eine immergrüne Eiche am Eingang Parkstraße. Auf viele besondere Bäume weisen Schilder hin. Zur Rathenaustraße hin öffnet sich ein Halbkreis mit Rosenbeeten und leitet so zu der Grünanlage des Republikplatzes über, der den Park mit der Travemünder Allee verbindet.

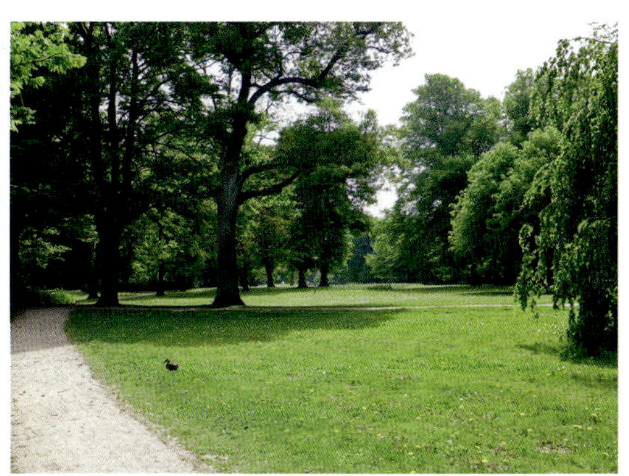

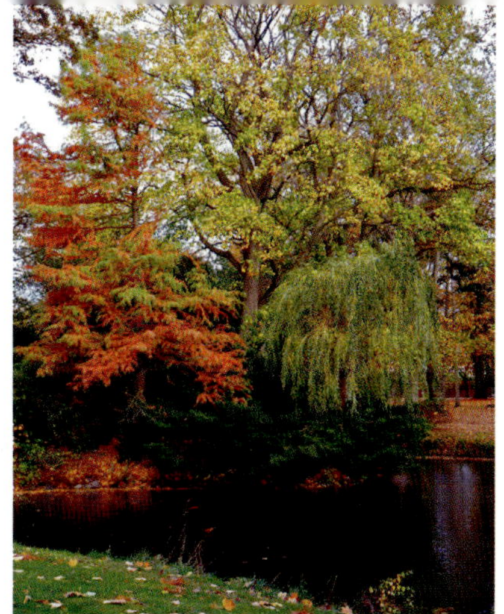

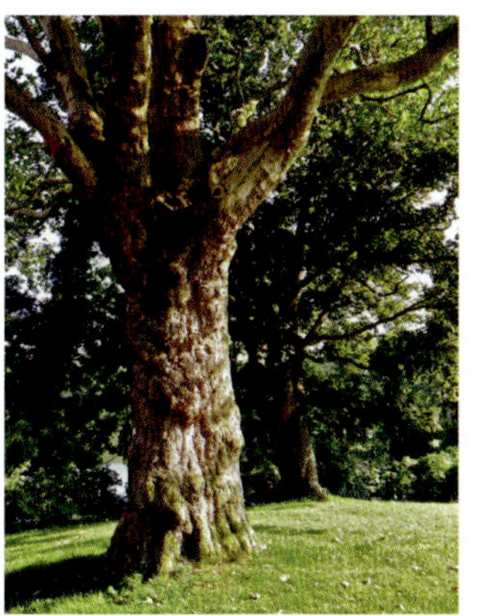

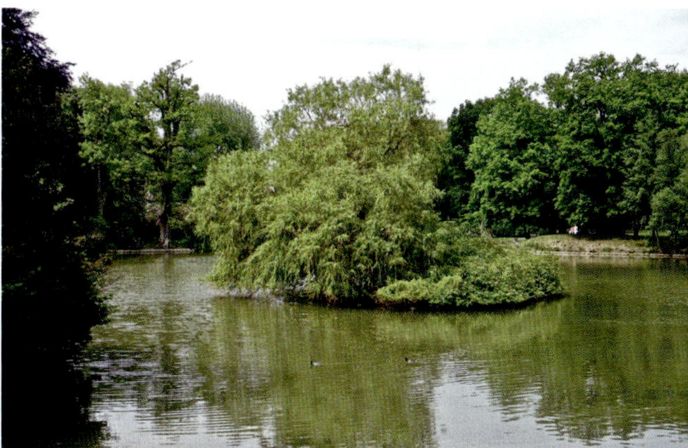

Geschwungene Wege führen durch die Anlage und eröffnen unterschiedliche Sichtachsen. Zur Gestaltung als Landschaftspark wurden auch zwei Teiche angelegt, deren Ufer Trauerweiden und Hängebuchen einen romantischen Anblick verleihen. Der frühere Quellteich wurde mit Steinen als Grotte angelegt, dort hockt der *Froschkönig* als kleiner Wasserspeier (Bildhauer: Otto Mantzel). Dem Planer Langenbuch hat man ein Denkmal in Form einer Steinstele gesetzt. Als Erholungsangebote dienen Liegewiesen und ein Bouleplatz, neuerdings ist ein Teil des Parks auch als Auslauffläche für Hunde freigegeben.

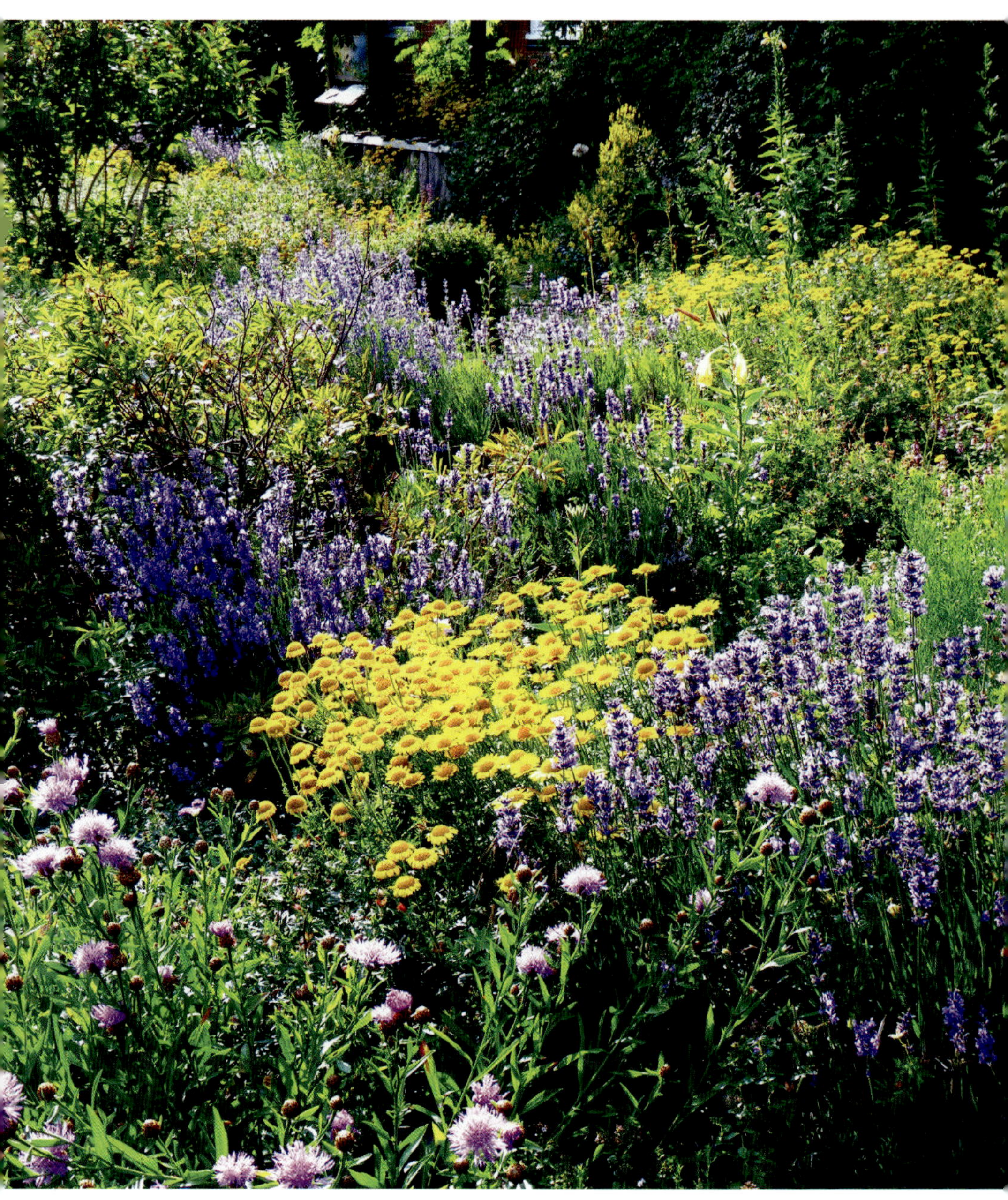

4. Schulgarten

An der Falkenwiese 90, Haltestelle: An der Falkenwiese, Buslinie: 15

Ein erster Anstoß kam aus der Reformpädagogik, Kindern eine reale Anschauung vom Nutzwert und der Schönheit der Pflanzenwelt zu vermitteln. Verbunden damit war die Idee, daß Schulklassen dort selbst gärtnerisch aktiv werden können. Bereits 1909 entwickelte der damalige Stadtgärtner Erwin Barth diese Vorstellung, sein Nachfolger Harry Maasz schuf an dieser Stelle einen Anzuchtgarten und legte mehrere weiterführende Konzepte vor, die allerdings nicht verwirklicht wurden. Erst 1930 wurde dann ein echter „Schulgarten" angelegt. Seitdem wurde er ständig weiterentwickelt, seit 2014 gefördert von einem rührigen Förderverein. Heute dient die Anlage auch unterschiedlichsten Veranstaltungen zu botanischen und ökologischen Themen, aber immer noch als Lehrgarten für Schulkinder.

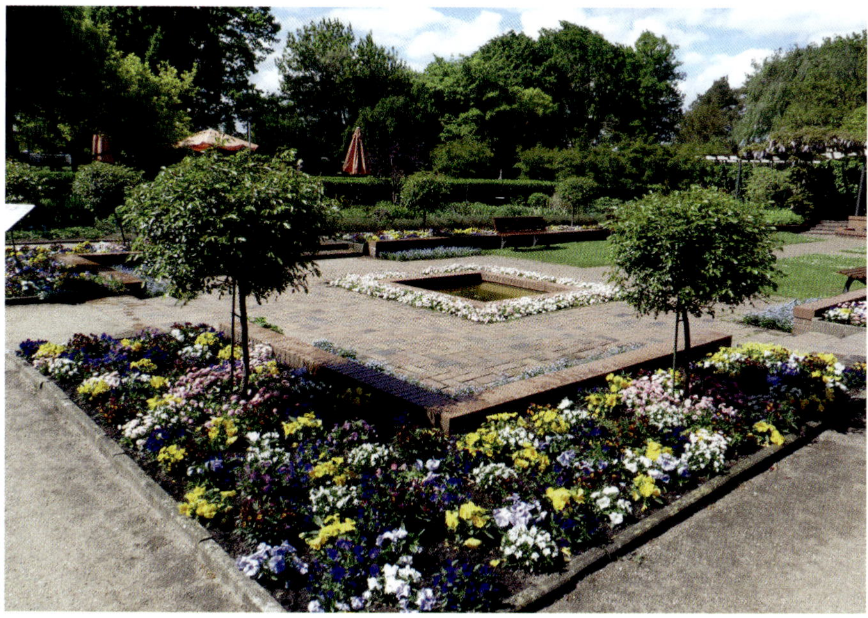

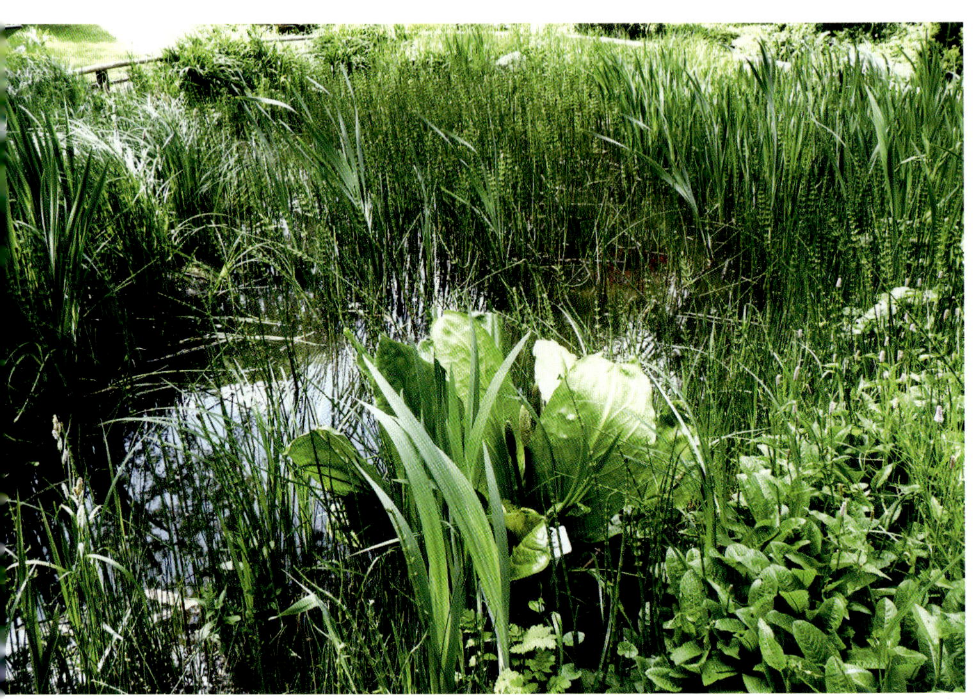

Beim Eintritt durch den Haupteingang findet sich rechts ein Laubengang aus geschulten Linden, der auf einen Brunnen mit der Plastik „*Wasserschöpfendes Mädchen*“ zuläuft.

Links liegt ein Freigelände vor dem kleinen Gewächshaus, das für Außengastronomie und für Veranstaltungen genutzt werden kann. Der von jahreszeitlich wechselnden Sommerblumen gesäumte Gang geradeaus führt auf ein kleines Seerosenbecken zu. Seitlich liegt der sogenannte Senkgarten, eine streng geometrisch gestaltete Anlage mit Blumenbeeten, vielen Bänken und zwei Brunnen. Begrenzt wird er von einer Pergola mit Kletterpflanzen.

Durch eine Rhododendronhecke getrennt, liegt dahinter eine Wildblumenwiese als Lebensraum für unterschiedliche Insektenarten, beschattet von zwei Solitärbäumen. Ein Bücherpavillon mit „grüner“ Literatur und

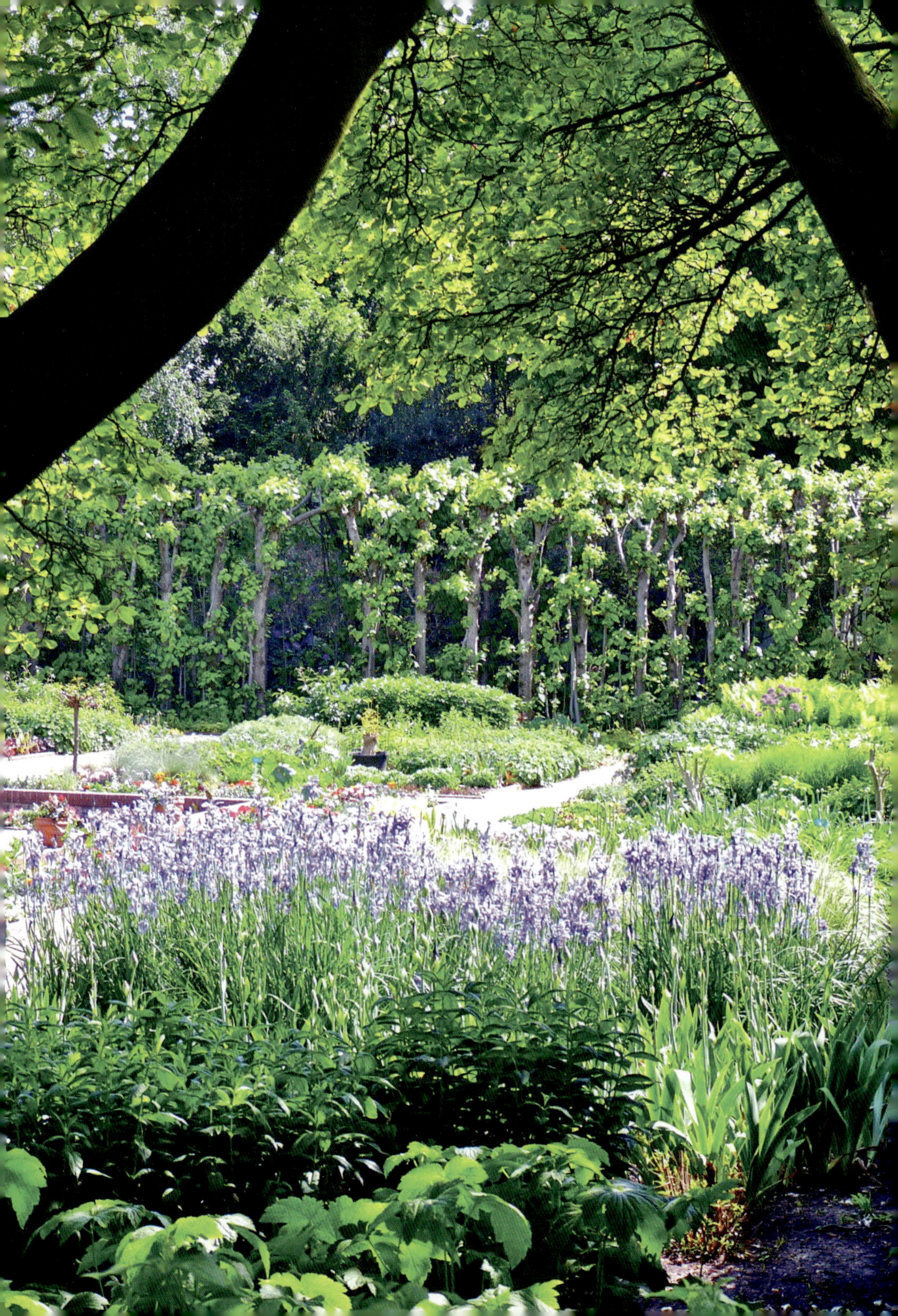

ein Schachtisch ergänzen seit kurzem das Angebot der Anlage. Ihre Fortsetzung findet die Wiese in einer Teichanlage mit Sumpf- und Wasserpflanzen, hinter der das Alpinum typische Vertreter der Bergflora in einem Natursteingarten zeigt. Am westlichen Rand folgt auf die Veranstaltungsfläche eine didaktische Anlage: In verschiedenfarbig bepflanzten Beeten werden die Mendelschen Gesetze veranschaulicht, dann folgen weitere Pflanzreihen mit Nutz- und Heilpflanzen. Hinter einem Gärtnerhäuschen schließt ein Bauerngarten die Anlage ab. Dort ist auch die Plastik *„Panther"* aufgestellt.

Zu den beiden Plastiken: 1920 schuf Ernst Müller-Braunschweig (1860-1928) die Plastik *„wasserschöpfendes Mädchen"*, das im Volksmund rasch den Namen Dorothea erhielt (Sie gilt übrigens als Schutzpatronin der Blumengärtner). Die Tierplastik *„Panther"* fertigte Fritz Behn (1878-1970) im Jahr 1934 für den Eschenburgpark. 1960 wurde sie in den Schulgarten versetzt.

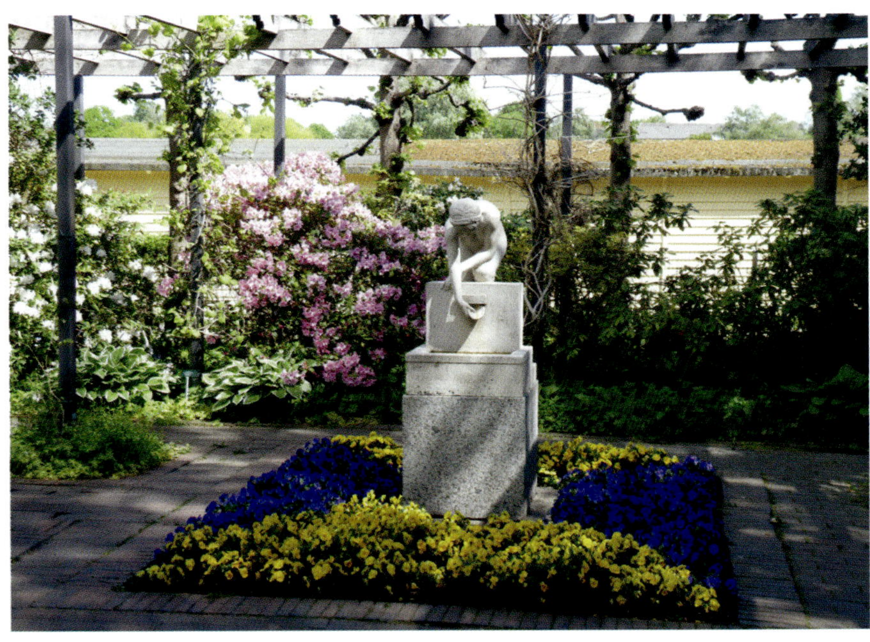

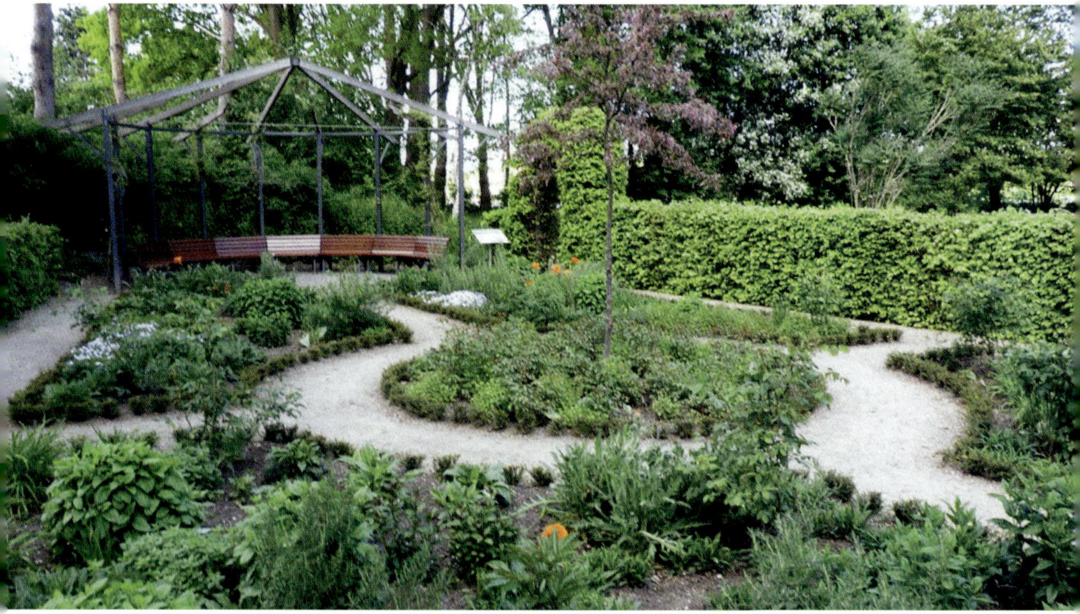

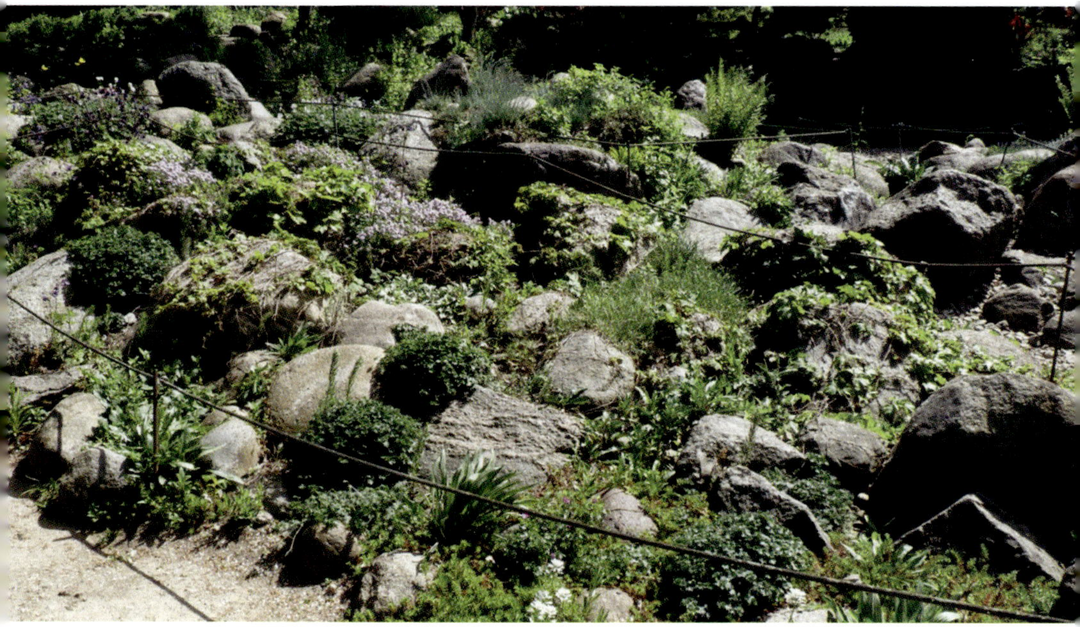

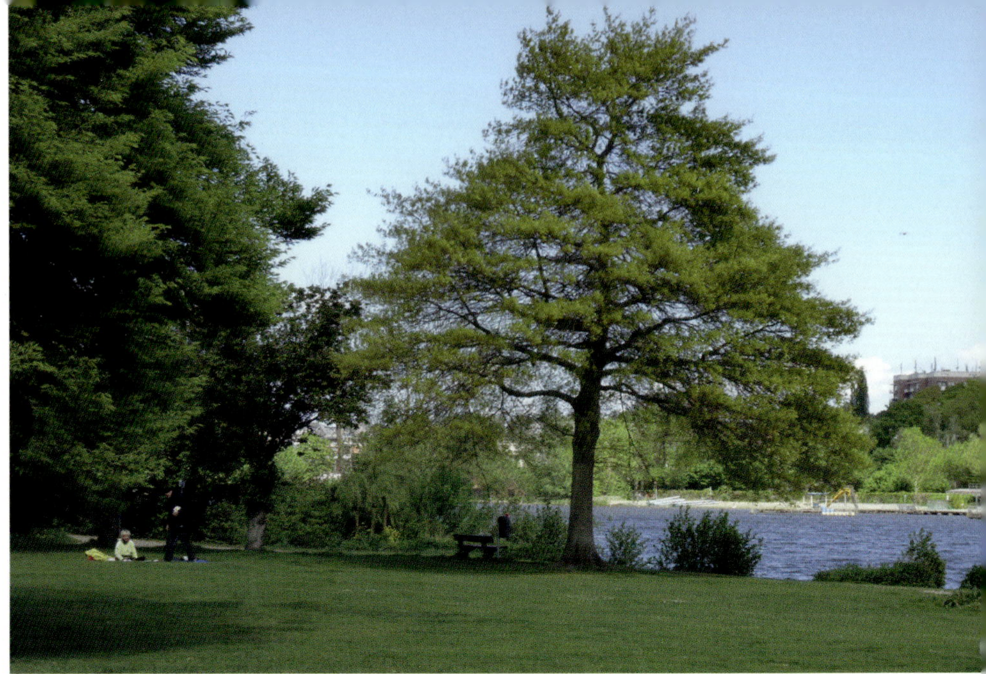

5. Grünanlage Wakenitzufer

Wakenitzufer, Haltestelle: An der Falkenwiese oder Percevalstraße, Buslinie: 15

Durch den Stau der Wakenitz weitete sich der kleine Fluß zu einem See. Mit dem Bau des Elbe-Lübeck-Kanals wurde der Falkendamm aufgeschüttet, die nun durchgehende Falkenstraße erschloß ein neues Wohngebiet auf der Halbinsel, mit Ausnahme der Spitze ist sie jetzt eng bebaut. Parallel zum Wakenitzufer wurde eine gleichnamige Straße angelegt und begrenzt so die Wohnbebauung nach Osten. Der freibleibende, rund 40 Meter breite Uferstreifen wurde zur Parkanlage. Sie dient zugleich als Spiel- und Liegewiese mit Blick auf die breite Fläche der Wakenitz. Alter Baumbestand beschattet die Rasenfläche, die nach Norden mit einem hinter Buschwerk versteckten Kinderspielplatz endet. Danach verbleibt nur ein von Weiden gesäumter Uferweg, der zwischen Wasser und Schulgarten zum Falkendamm führt.

Das Burgfeld: Pestfriedhof, Kreuzweg und Galgenberg

Bis in die Neuzeit hinein dehnte sich vor der Burgtorbefestigung ein freies Feld, über das zwei Wege führten: der eine zur Herrenfähre Richtung Travemünde und der andere ins Mecklenburgische über Brandenbaum. Als freies Schußfeld blieb die Ebene weitgehend unbebaut, vom Burgtor aus gesehen zur Linken befand sich nur eine der Heiligen Gertrud gewidmete Pestkapelle mit einem Friedhof und zur Rechten die Richtstätte mit dem Galgen. 1468 stiftete der Lübecker Ratsherr Constin einen Kreuzweg, der aus der Stadt heraus bis zum Burgfeld führte und auf einem künstlichen Hügel endete. Im 17. Jahrhundert wurden die Befestigungsanlagen bis auf das Burgfeld erweitert, eine mächtige Bastion und ein vorgelagertes Ravelin mit Wassergräben sollten nun den einzigen Landzugang zusätzlich schützen.

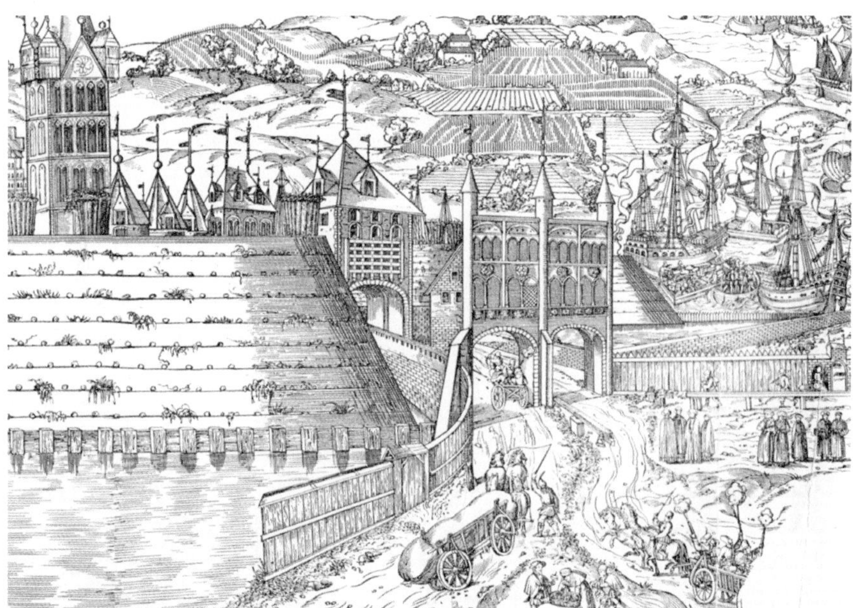

1597: Holzschnitt Elias Diebel

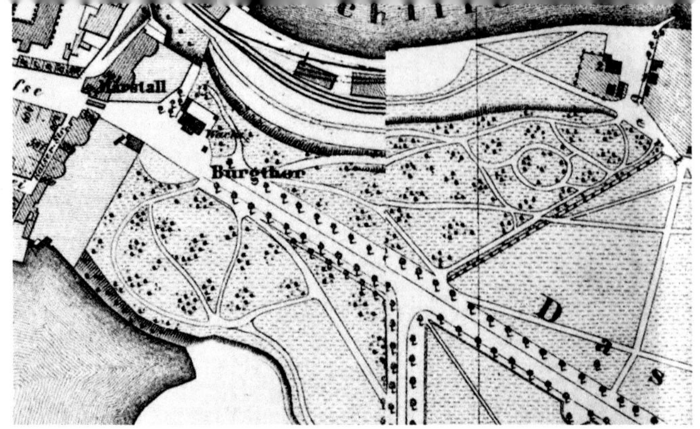

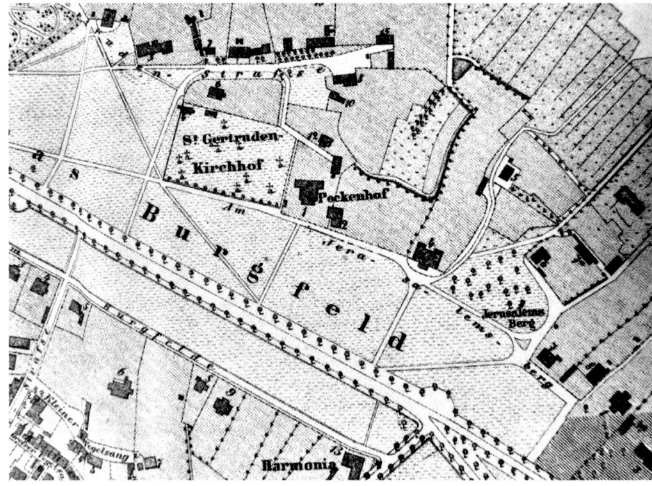

1872: Major Fink, Karte von Lübeck

Ab 1804 wurden diese Anlagen wieder zurückgebaut, auf dem Burgfeld entstanden nun vereinzelt Sommerhäuser reicher Lübecker, vor allem auf dem hohen Traveufer; die Straßen wurden zu Lindenalleen, besonders Richtung Travemünde entstand eine breite Promenade. Der Lübecker Bürger Nicolaus Mentze, der in der Nähe ein Gartengrundstück besaß, regte zudem an, auch hier einen Park anzulegen. 1817 wurde er bepflanzt, am nördlichen Ende entstand ein erster Turnplatz. Der Kanalbau veränderte erneut das Bild, statt des bisherigen Landzugangs führte nun eine Brücke aus der Stadt zum Burgfeld. Die Wälle trug man ab und schüttete die Gräben zu, soweit sie nicht als Kanalbett genutzt wurden. Zu beiden Seiten der neuen Wasserstraße wurden die Schrägen begrünt, die Ränder des Burgfeldes nach und nach bebaut.

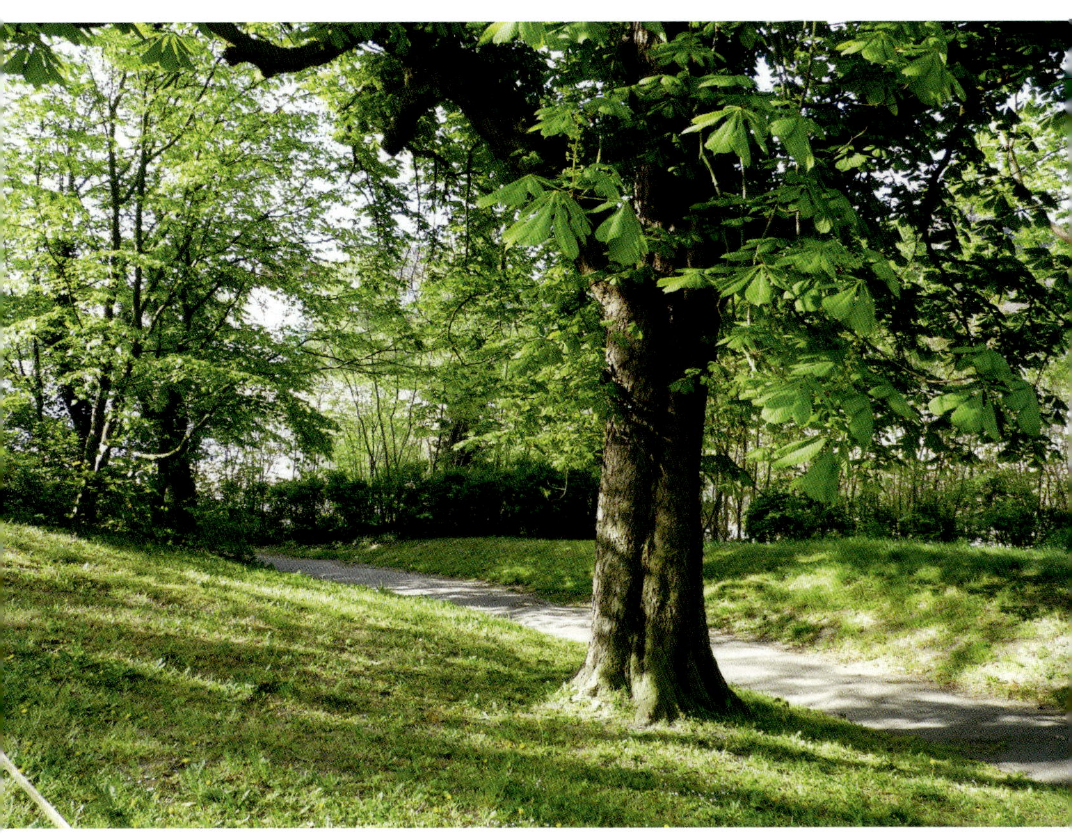

6. Peter-Rehder-Park

Gustav-Radbruch-Platz/Falkenstraße, Haltestelle: Gustav-Radbruch-Platz, Buslinien: 3,4,10,11,12,15, 21,30,31,32,39,40

Die kleine Anlage gehört zur gärtnerischen Gesamtgestaltung des südlichen Burgfeldes. Dennoch trägt sie einen eigenen Namen: Der Lübecker Baudirektor Peter Rehder (1843-1920), dem die Planung und der Bau des Elbe-Lübeck-Kanals zu verdanken ist, wurde mit dieser Benennung geehrt – was heute kaum noch jemand weiß.

Sie besteht aus drei unterschiedlichen Teilen: Zum Gustav-Radbruch-Platz hin ist sie offen bis zu einer Figurengruppe, dahinter ein dicht bewachsener Teil, durch den ein Verbindungsweg zwischen Burgtorbrücke und Falkendamm führt, nach Süden zu dann ein freier Rasenplatz mit Bänken und einer Aussichtsplattform auf Kanal und Altstadt, umgeben von einer Heckeneinfassung. Gleich am Anfang des Weges steht eine mächtige Stieleiche mit einem Stammumfang von 5,30 Meter, die wohl schon beim Kanalbau als erhaltenswert angesehen worden ist.

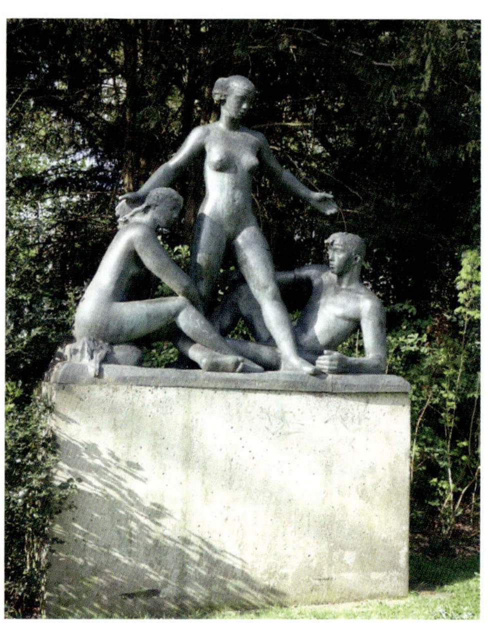

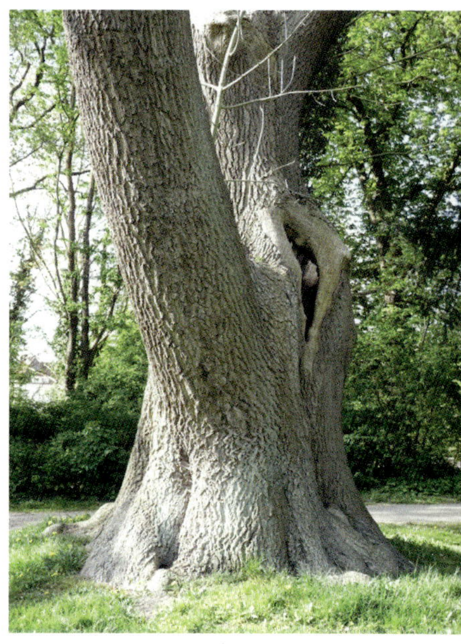

Die bereits erwähnte Figurengruppe *„Drei Mädchen"* blickt zum Gustav-Radbruch-Platz hinüber. Gefertigt wurde die Bronzeplastik 1926 von dem Schweizer Bildhauer Karl Geiser (1898-1957) für das Berner Gymnasium Kirchenfeld. 1934 erwarb der Lübecker Mäzen Rodolfo Groth einen Zweitguß, eigentlich als Spende für den Markt gedacht, dann aber 1938 an dieser Stelle aufgestellt. Wobei es übrigens nur zwei Mädchen sind, die dritte Figur ist ein Knabe. Im Sockel informiert eine Inschrift: Der deutschen Jugend. Gestiftet von Rodolfo Groth.

7. Die Grünanlage westlich des Gustav-Radbruch-Platzes

***Gustav-Radbruch-Platz, Haltestelle: Gustav-Radbruch-Platz, Buslinien:** 3,4,10,11,12,15,21,30,31,32,39,40*

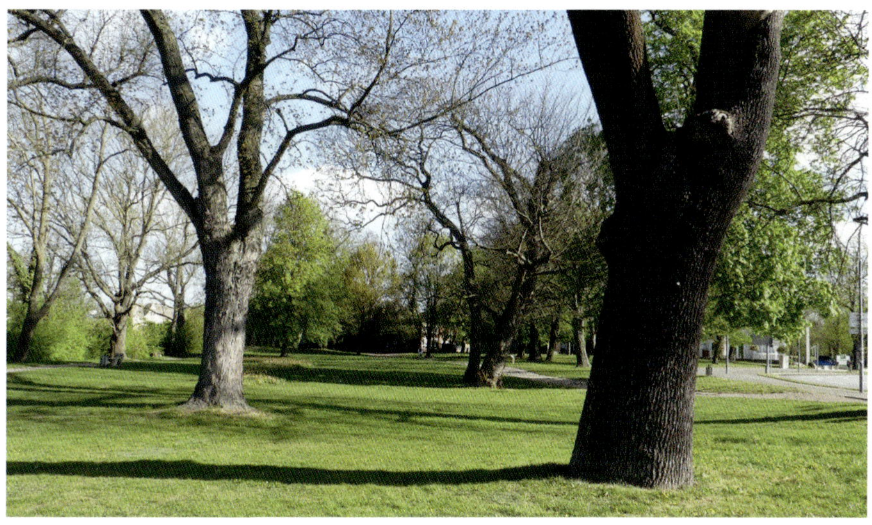

Sie ist der Rest eines ehemals viel größeren Parks, der auch das Areal der geschleiften Befestigungsanlagen umfaßte. Er folgte den Ideen englischer Parkanlagen mit verschlungenen Spazierwegen, die damals als Irrgarten bezeichnet wurden. Dann aber mußten große Teile im Süden dem Kanalbau weichen. Am dadurch entstandenen Steilhang führt nun die Fährstraße zur Neuen Hafenstraße hinunter. Auf dem nördlich anschließenden damals noch freien Burgfeld, das jetzt auch als Exerzierplatz genutzt wurde, begrenzt nun ein Hotelbau und eine Schule diese Grünanlage.

Östlich der Fährstraße ist das Gelände eben und vor allem mit Linden, Eichen sowie Ahorn in unregelmäßigen Abständen besetzt. Der westliche Steilhang zum Brückenweg und zur Hafenstraße ist dagegen mit Busch-

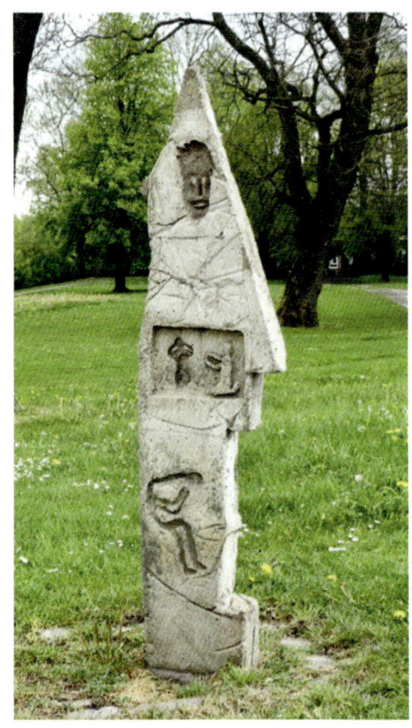

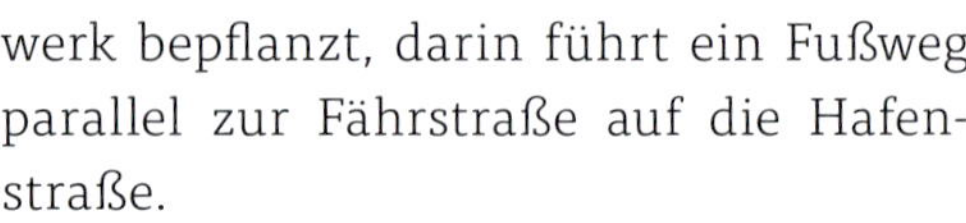

werk bepflanzt, darin führt ein Fußweg parallel zur Fährstraße auf die Hafenstraße.

Gleich am Beginn der Fährstraße begegnet uns eine Stele, die an den Todesmarsch von rund 500 KZ-Häftlingen aus Ausschwitz-Fürstengrube und Mittelbau-Dora bis in die Neustädter Bucht erinnern soll, wo fast alle beim Untergang der Cap Arcona am 3. Mai 1945 ums Leben kamen. Wolf Leo hat sie gemeinsam mit Jugendlichen 1999 als Teil von zwölf Stationen aus Beton und Lehm geformt, ein unregelmäßiger, oben spitz zulaufender schmaler Körper, in den Flachreliefs rudimentärer menschlicher Körper eingelassen sind.

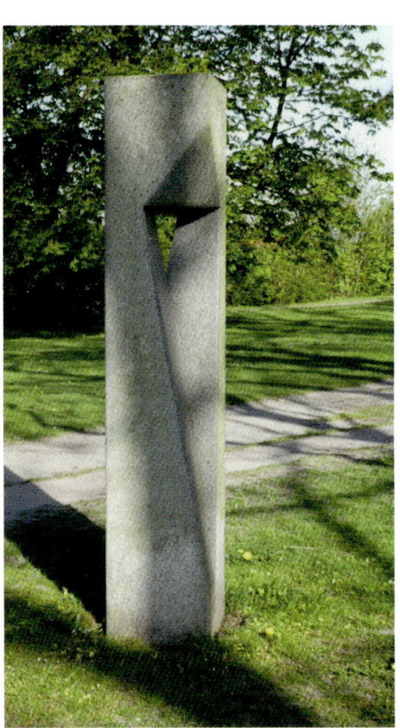

Folgt man dem Weg, der quer über die Rasenfläche zur Gertrudenstraße führt, stößt man auf eine weitere abstrakte Skulptur, die aus einem stehenden Granitquader herausgeschnitten wurde. Eine Öffnung hat glatt polierte Schnittflächen, während die äußeren Flächen rau geblieben sind. Die Künstlerin Karin Van Ommeren aus Holland nennt die Stele *„Die Durchlässige"*. Sie ist Teil des 2013 erneuerten Kreuzwegs, der zum Jerusalemsberg führt. Es ist die Dritte Station „Jesus bricht unter der Last des Kreuzes zusammen" und erinnert an Simon von Kyrene, der gezwungen wurde, den Kreuzbalken anstelle von Jesus zu tragen.

8. Der Jerusalemsberg

Jerusalemsberg 6, Haltestelle: Adolfstraße, Linien: 8,15,30,31,32,39

Der Ratsherr Hinrich Constin († 1482) unternahm 1468 eine Pilgerreise ins Heilige Land und schritt in Jerusalem die Länge der Via Dolorosa ab. Wieder in Lübeck, ließ er die Stationen dieses Weges nachbauen, der dann durch das Burgtor hinaus ins freie Burgfeld führte. An seinem Ende ließ er einen Kalvarienberg aufschütten und mit einer Kreuzigungsdarstellung versehen. In seinem Testament übertrug er sein gesamtes Vermögen der Stadt mit der Auflage, den Weg zu vollenden. Fertigstellung war erst 1493.

Der grasbewachsene, rund 4 m hohe künstliche Hügel, rampenförmig 60 m lang und 40 m breit, wird umstanden von einem Hain mächtiger Eichen. Auf seinem Scheitel steht ein offener Schrein aus Backstein, in den ein Relief aus gotländischem Kalkstein eingelassen ist, 3,30 m hoch und 1,75 m breit. Es zeigt die Kreuzigungsszene: Christus am Kreuz, zu den beiden Seiten Maria und der Jünger Johannes. Schwebende Engel halten Kelche in den Händen, um das Blut aus den Wunden des Gekreuzigten aufzufangen. Unter dem Kreuzesstamm der Hügel Golgatha, durch Knochen gekennzeichnet, davor das Wappen des Stifters.

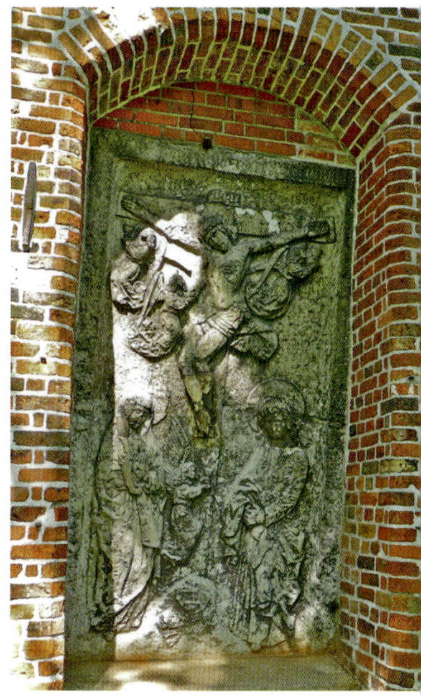

Zwischen diesem Zielpunkt und der Stele im Park neben dem Gustav-Radbruch-Platz gibt es noch zwei weitere Stationen, beide gestaltet von Frede Troelsen, Dänemark: Station 4 befindet sich neben der Jugendherberge Am Gertrudenkirchhof 4 zum Thema „Jesus wird verspottet“ und Station 5 direkt am Jerusalemsberg „Jesus stirbt am Kreuz.“

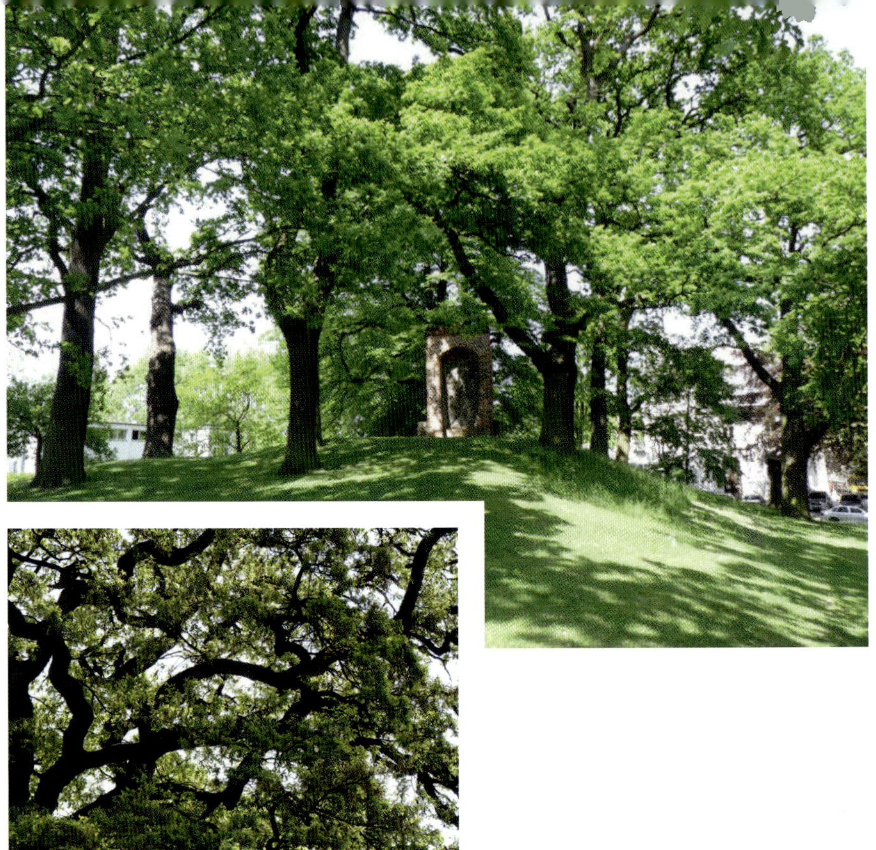

Zu Beginn der Eschenburgstraße liegt in Richtung Westen ein leicht zum Jerusalemsberg hin ansteigendes, rasenbewachsenes Gelände mit altem Baumbestand, das nach Südosten ins Burgfeld übergeht. Mitten auf der Grünanlage wächst eine bemerkenswerte vielstämmige Kaukasische Flügelnuß. Zwei Stämme teilen sich gleich in Bodennähe und haben ihrerseits mehrere weitere Stämme hervorbracht. Daraus hat sich jetzt ein Dickicht aus zahlreichen Trieben gebildet.

Daneben finden sich auch Reste der Allee der Eschenburgstraße (früher: Luisenstraße), die ursprünglich in spitzem Winkel auf die Travemünder Allee traf. Als die Straße abgeknickt wurde, um dort rechtwinklig zu enden, wurde dieses Stück zum Radweg. Auf der Grünanlage steht ein imposanter Ahorn.

9. Eschenburgpark

Jerusalemsberg, Haltestelle: Adolfstraße, Linien: 8,15,30,31,32,39

Das Vorfeld der Befestigungsanlagen am Burgtor war eigentlich Gemein- und Freiweide. Doch vor allem die Lübecker Führungselite verstand es, die Wiesenhänge zwischen dem Weg nach Israelsdorf und dem Traveufer, die sogenannte Gallwisch in Privatbesitz zu nehmen und dort Garten- und Sommerhäuser zu errichten, umgeben von weitläufigen Gartenanlagen. Die klassizistische Villa Am Jerusalemsberg 4 wurde etwa 1805 errichtet. Der zugehörige Garten bestand ursprünglich aus zwei Teilen: Im Süden war er dicht bepflanzt und von Wegen durchzogen, im Westen dagegen standen Bäume nur rings um die Wege.

1876 erweiterte der neue Besitzer Henry Koch Grundstück und Garten nach Norden. Aus dieser Periode stammen auch die meisten noch erhalte-

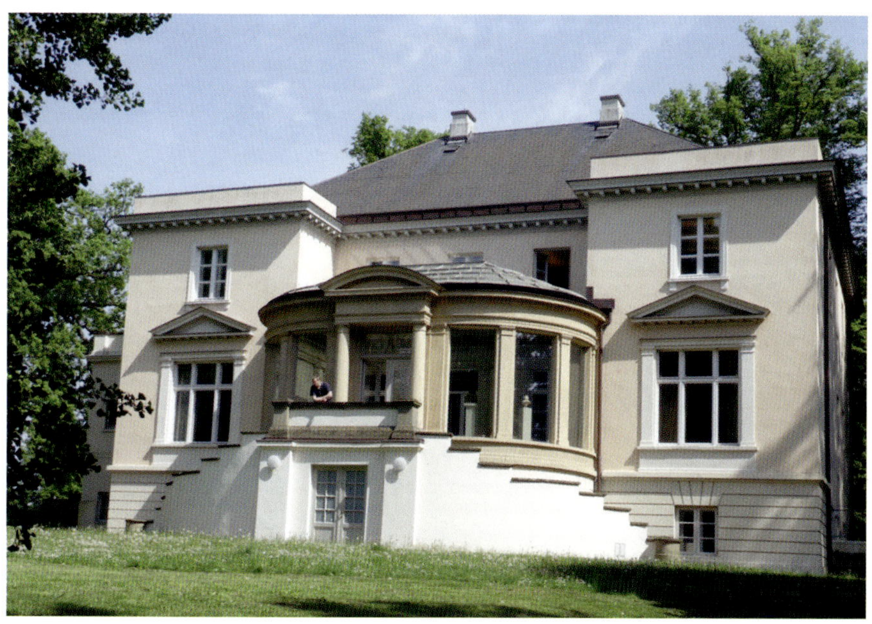

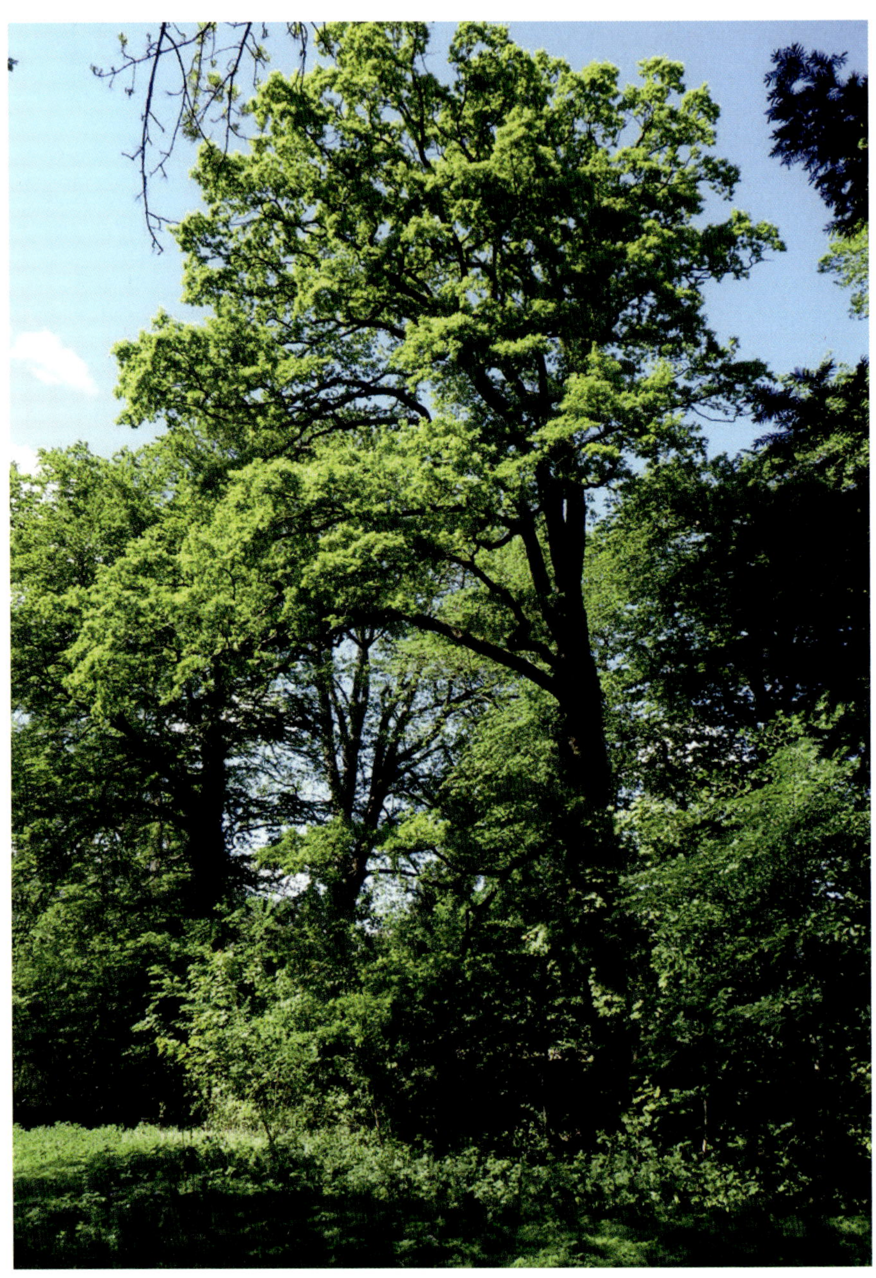

nen Bäume. 1885 erwarb der Senator und Bürgermeister Johann Hermann Eschenburg (1844-1920) das Grundstück. Er erweiterte den Park nach Süden, ließ einen Teich anlegen und vor allem Eiben und Ginkgobäume pflanzen Die Anlage weist wegen der Hanglage zum Traveufer hin einen Höhenunterschied von ca. 8 Metern auf. Ihren Mittelpunkt bildet der inzwischen ziemlich zugewachsene Teich in einer Senke, der von dichtem Buschwerk umstanden wird. Mehrere Spazierwege durchziehen den Park mit seinen Baumgruppen. Einige Bäume sind als Naturdenkmäler ausgezeichnet: Nahe der Konstinstraße steht ein Fächerblattbaum (Ginkgo), unterhalb der Villa eine Sommerlinde. Von einer späteren Umgestaltung als Schulgarten mit vielen Rhododendronbüschen ist nicht mehr viel zu erkennen. Insgesamt wurde der Park seit 1986 bewußt sich selbst überlassen. Zudem war schon 1970 ein größerer Teil im Süden einem Schulneubau geopfert worden.

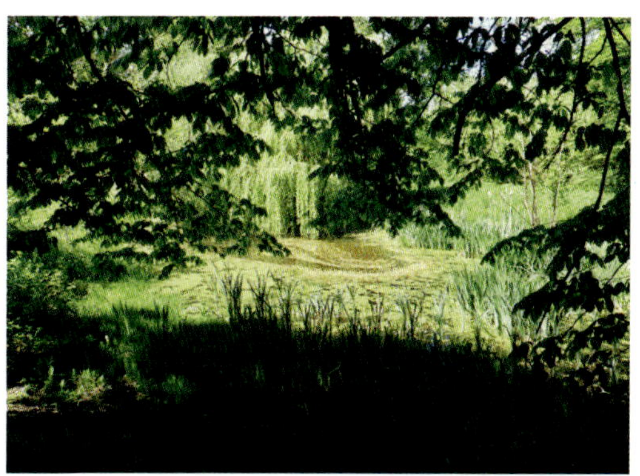

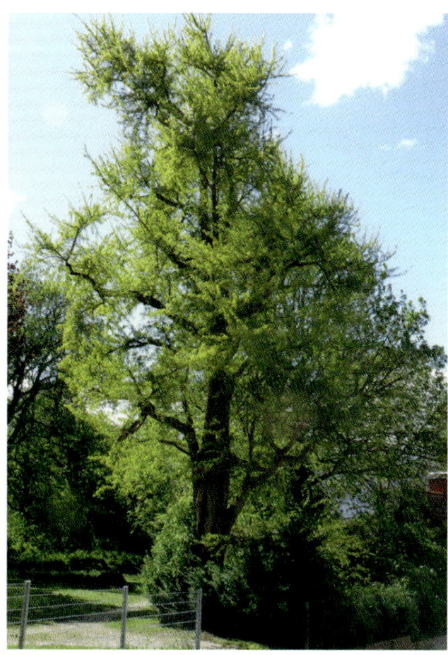

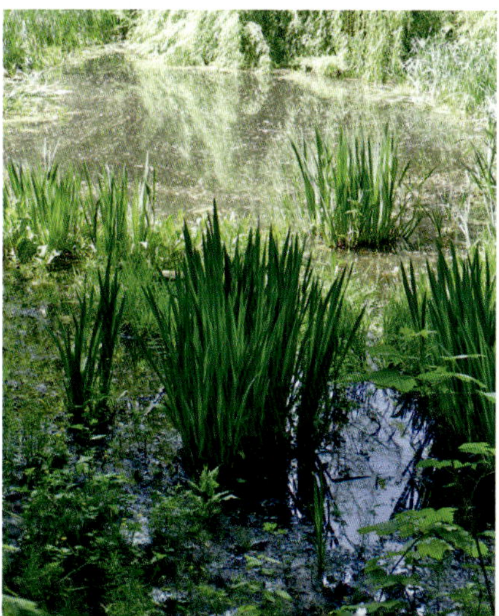

10. Reste des ehemaligen Jahnplatzes

Jahnstraße, Haltestelle: Adolfstraße, Linien: 8,15,30,31,32,39

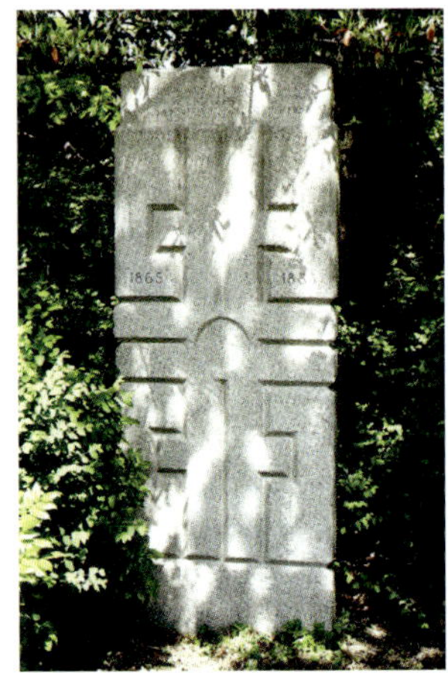

In dem spitzen Winkel zwischen Travemünder Allee und Eschenburgstraße befand sich seit 1817 Lübecks erster Turnplatz. 1865 gründet sich der Lübecker Männerturnverein, 1871 pflanzen seine Mitglieder dort einen Eichenhain. Der Turnplatz ist inzwischen überbaut, doch an der Jahnstraße blieb eine schmale Grünanlage, auf der noch acht Stieleichen stehen, jetzt als Naturdenkmal geschützt, sowie Teile einer Rhododendronhecke. Zur Erinnerung an die Eröffnung des Turnplatzes in Lübeck wurde dort 1937 eine Granitstele mit dem Symbol der Turnerschaft – das vierfache „F" für „Frisch, fromm, fröhlich, frei" – und den Jahreszahlen der beiden in Lübeck veranstalteten Turnfeste 1865 und 1893 aufgestellt.

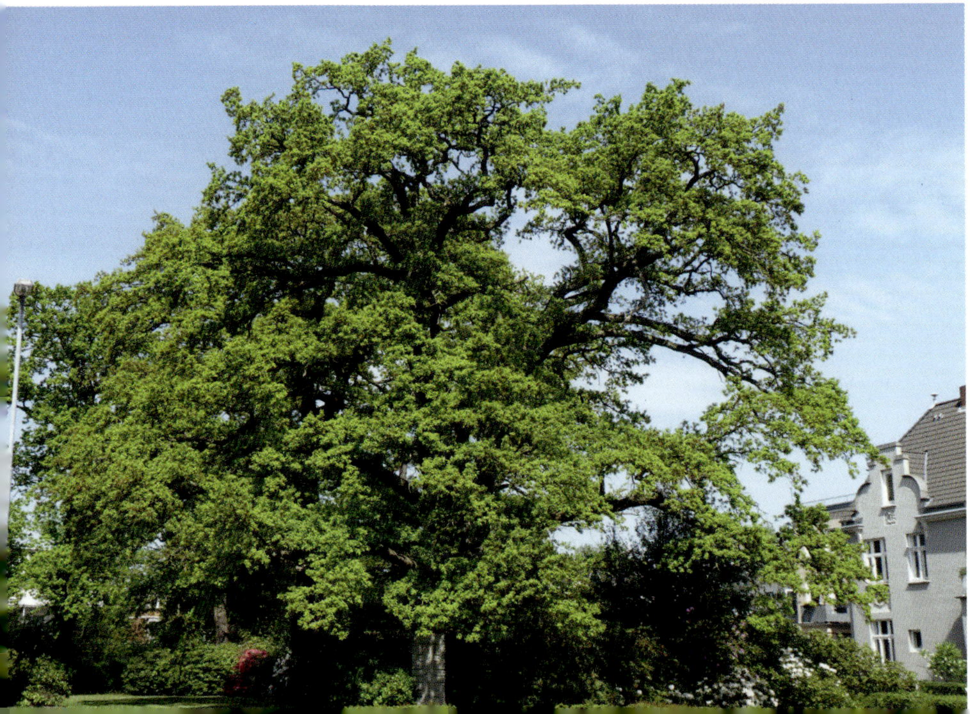

Beidseits vom Elbe-Lübeck-Kanal: Im leeren Bett der Wakenitz

Die neue Wasserstraße, die seit 1900 den mittelalterlichen Stecknitzkanal ersetzt, verließ an der Lachswehr noch einmal die Trave und nutzte den südlichen Stadtgraben und die Wakenitz, um sich erst am Burgtor wieder mit der Trave zu vereinen. Damit verbunden waren starke Eingriffe in die bisherige Gestaltung. Die Niederung der Wakenitz zwischen Hüxterdamm und Trave wurde zum Teil aufgeschüttet und als Klughafen zum Gewerbegebiet gemacht. Das Ufer des neuen Kanals auf der Stadtseite wanderte also rund 150 Meter weiter ostwärts. Erst in den letzten Jahrzehnten verlor dieser Binnenhafen seine Bedeutung.

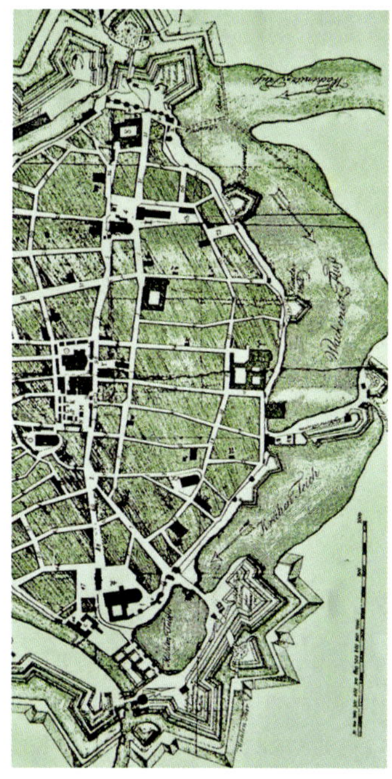

Aus: Grundriss der Freien Stadt Lübeck, aufgenommen von H.L.Behrens, 1824

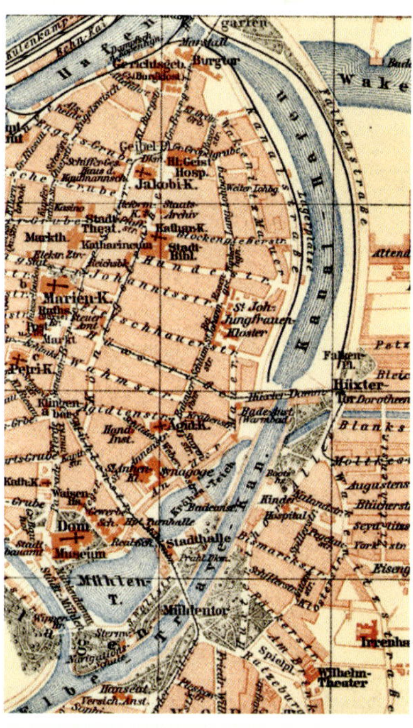

Aus: Karte von Lübeck, Geographische Anstalt Wagner & Debes, Leipzig 1913

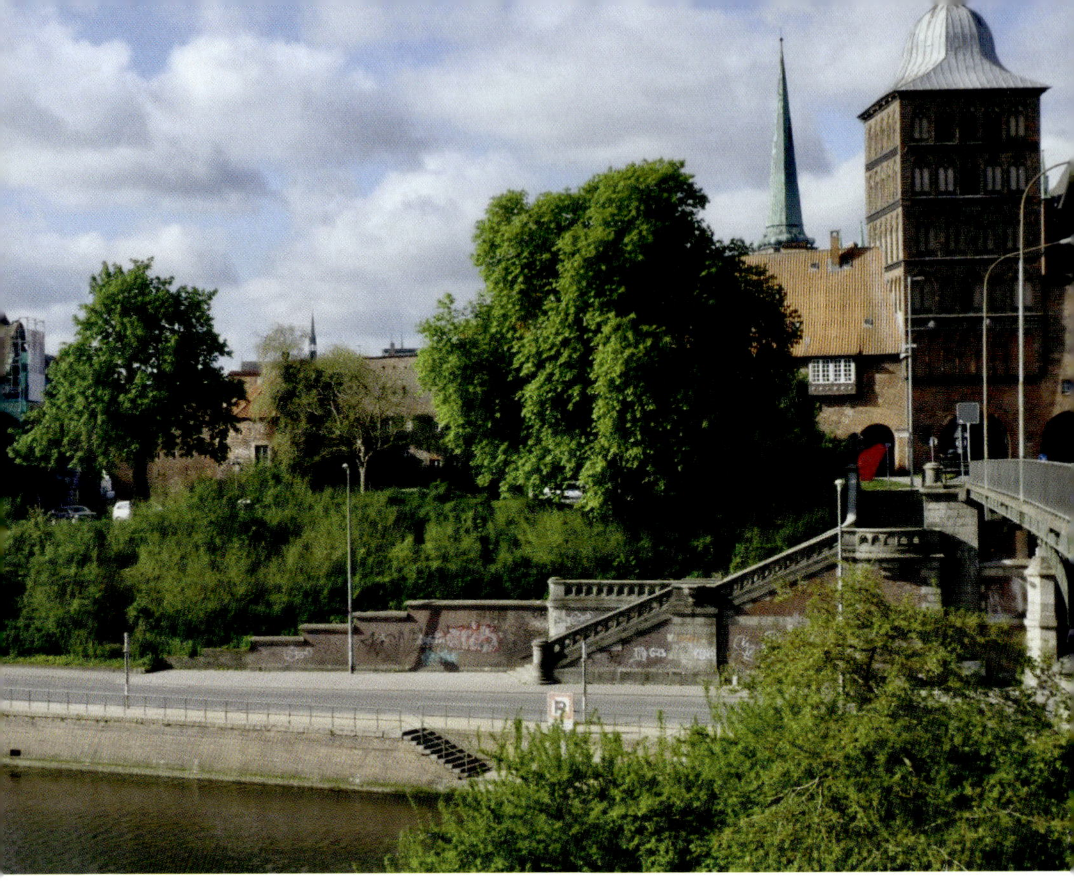

11. Ida Boy-Ed-Garten

Burgtorbrücke/Kanalstraße, Haltestelle: Große Burgstraße, Linien: 4,10,11,12,21,30,31,32,39,40

Mit der Führung des Kanals durch das Flußbett der Wakenitz war die Landverbindung vor dem Burgtor durchbrochen worden. Sie wurde durch die Burgtorbrücke ersetzt, die über den nun rund vier Meter tiefer als die Wakenitz liegenden Kanal führte. Das Gelände zwischen der neu angelegten Kanalstraße und den Stadtmauern seitlich des Burgtores mußte also abgeböscht und unten durch eine Mauer gestützt werden. Unmittelbar neben der Brücke führt eine Treppenanlage hinunter. Zur besseren Verbindung wurde die Stadtmauer auf Höhe der Straße Wakenitzmauer durchbrochen und eine Straße von diesem Tor noch auf gleicher Höhe mit einer Kurve auf die Burgtorbrücke zugeführt. Sie erhielt zu Ehren der Schriftstellerin Ida Boy-Ed (1852-1928), der die Stadt ein Ehrenwohnrecht im Zöllnerhaus neben dem Burgtor gewährt hatte, den Namen Ida-Boy-Ed-Garten. Er gilt zugleich als Bezeichnung für die Grünanlage dort.

Östlich der Straße fiel das Gelände dann steiler werdend zur Kanalstraße ab. Dieser Hang ist mit Bäumen bepflanzt. Von der neuen Straße führt ein geschwungener Weg mit einer Sitzgruppe zur südlichen Ecke der Anlage und vereint sich mit einem zweiten, der direkt von dem neuen Tor kommt. Der obere, ebene Teil bleibt Grünfläche, nur vor der Stadtmauer ein Solitärbaum. An der Großen Burgstraße steht neben dem Burgtor der sog. *Cubecrack 4*, Teil einer abstrakten Stahlkonstruktion, rot lackiert, 1996 von HD Schrader geschaffen. Ein nur gedachter Hohlkörper wurde virtuell in Teile zerlegt, die per Computerlaser dann aus Stahlplatten gefertigt und zusammengeschweißt wurden. Im Stadtraum sind fünf weitere Cubecracks (Kubus-Risse) aufgestellt.

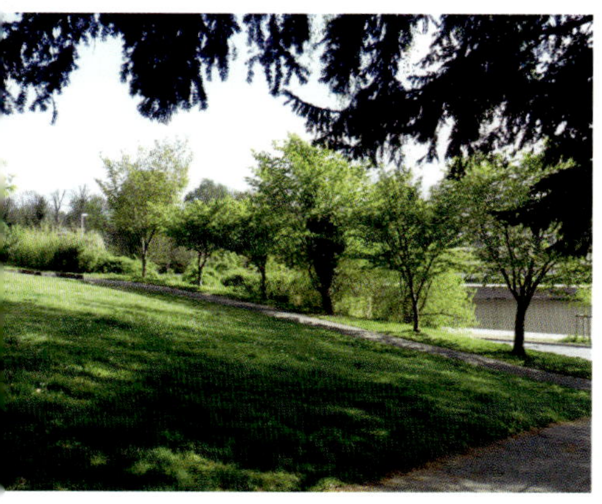

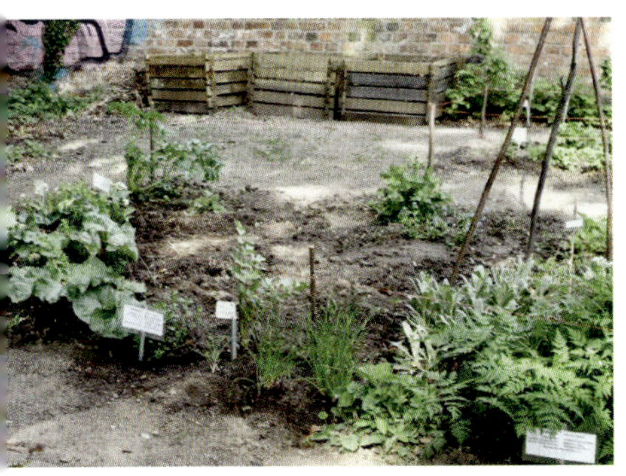

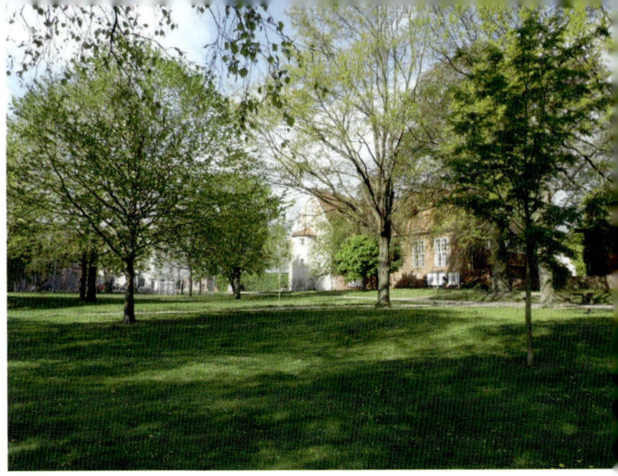

12. Am Klughafen: Der Baobab-Park

Kanalstraße zwischen Hundestraße und Fleischhauerstraße

Beiderseits der Kaimauern dehnte sich seit 1900 Hafengelände mit Gleisanschlüssen, Schuppen und Gewerbe. Für Grünanlagen war dort kein Platz. Einzig vor dem Grundstück des ehemaligen Johannisklosters wurde die bis fast an die Stadtmauer heranreichende Wakenitz zwar zugeschüttet, der freie Platz blieb jedoch als Gartenanlage erhalten. Heute ist dort zwischen Fleischhauer- und Hundestraße, begrenzt von Stadtmauer und Kanalstraße, eine kleine Parkanlage unter dem neuen Namen Baobab-Park entstanden, die den älteren Baumbestand bewahrt hat. Den nördlichen Teil zwischen Hundestraße und Dr. Julius-Leber-Straße (früher: Johannisstraße) nimmt weitgehend ein Kinderspielplatz ein, der durch einen Fußweg von der Stadtmauer getrennt ist. Entlang der Mauer ist ein Garten mit Beeren, Gemüse, Kräutern und Blumen als interkulturelles Projekt und als „Naschgarten" angelegt, der vor allem von drei Kastanien beschattet wird.

Der breiter werdende südliche Teil wird von Gebäuden des Johanneums begrenzt, die Rasenfläche unter der noch jüngeren Baumbepflanzung ist als Liegewiese, Bolzplatz und Begegnungsort unter dem Motto „Park für Völkerfreundschaft und Solidarität" gedacht.

Im Oktober 2021 wurde, initiiert von dem Künstler Bahzad Sulaiman, ein Haselnuss-Baum im Park mit einer Kunstauktion zum Wunschbaum erhoben, in dessen Zweige Wunschbänder gehängt werden können. In der kurdischen Tradition bindet man sich dabei eine zweite Hälfte des Bands um das Handgelenk und angeblich geht der Wunsch dann in Erfüllung, wenn dieses Band von der Hand abfällt.

13. Die Hüxwiese

Falkenstraße/Hüxterdamm, Haltestelle: Blanckstraße bzw. Percevalstr., Buslinie: 15

Auch auf der östlichen Seite des Klughafens ist seitlich des Hüxterdamms eine neue Anlage von etwa 0,5 ha entstanden, eine Schotter-Rasenfläche für Freiluftveranstaltungen mit Grillplatz und Boule-Spielplatz. Alter Baumbestand findet sich nur randlich, am Hüxterdamm und an der Falkenstraße. Der Hüxterdamm bildete seit 1230 die dritte Staustufe der Wakenitz, an der eine Wasserkunst der Lübecker Brauer betrieben wurde, um Wakenitzwasser in die Brauhäuser zu pumpen. Die Hüxwiese liegt auf dem Areal des abgetragenen Hüxtertor-Ravelins, dessen Vorgraben noch in der Straßenführung des Falkenplatzes erkennbar ist. Derzeit sind Teile der Anlage mit Containern als Ausweichquartier der Kaland-Schule besetzt (voraussichtlich bis 2025).

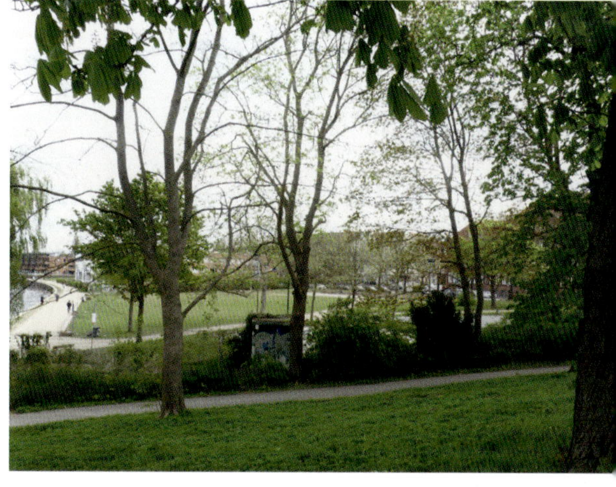

14. Grünanlage an der Rehderbrücke

Hüxtertorallee, Haltestelle: Blanckstraße, Linie: 15 / Moltkestraße, Linie 5

Als mit dem Kanalbau der Krähenteich als Teil der Wakenitz stark verkleinert werden mußte, entstanden zu beiden Seiten des Kanals freie Flächen, vor allem an der Hüxtertorallee. Hier wurde auch ein Zuleitungskanal an den Elbe-Lübeck-Kanal herangeführt, um den Wakenitz-Abfluß durch einen Düker hindurch in den Krähenteich zu leiten. Ursprünglich war das ganze aufgeschüttete und unbebaute Gelände zu einer einheitlichen Parkanlage mit viel Baumbestand gestaltet worden, die den hier erweiterten Dükerkanal als eine Art Parksee nutzte. Zum neugeschaffenen Kanal hin senkt sich die Parkfläche und verbindet den Treidelpfad,

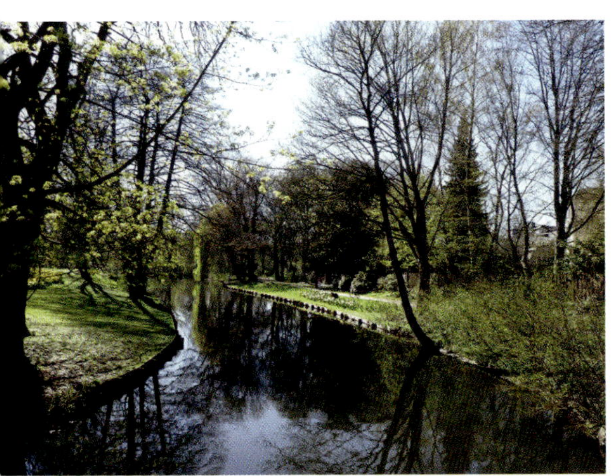

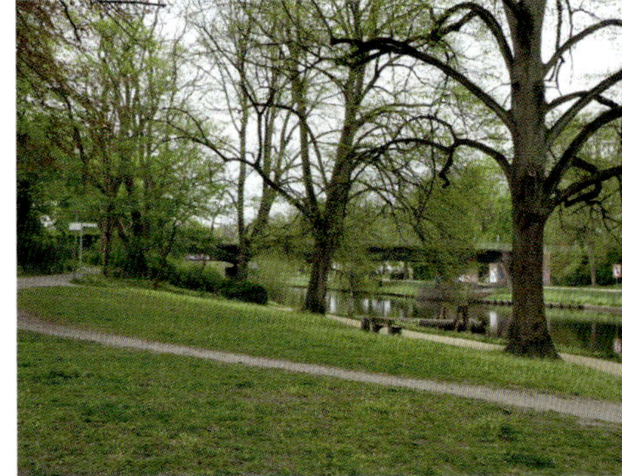

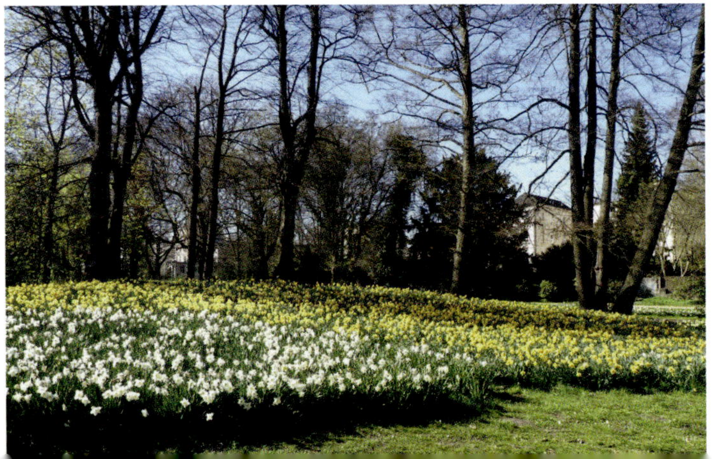

der zugleich als Wanderweg am Ufer entlangführt, mit dem eigenen Wegenetz. Durch den Neubau der (heutigen) Rehderbrücke 1936 wurde die Anlage durchschnitten und verkleinert, der nun südliche Teil war bereits 1905 durch den Bau des (damaligen) Offizierskasinos um ca. 2.600 m² Fläche verringert worden. Beeindruckend sind im Frühjahr die großen Bestände an Osterglocken.

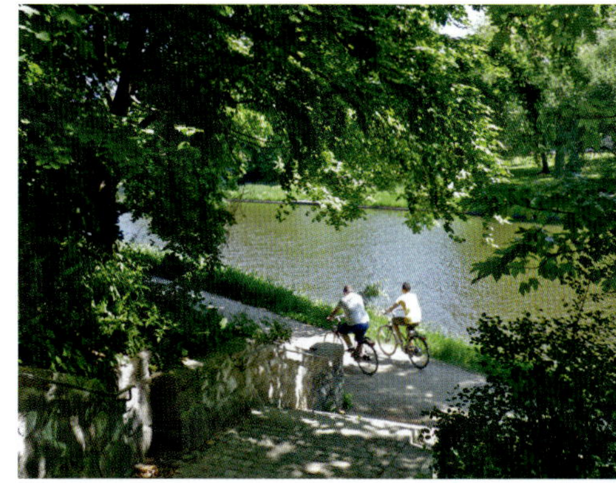

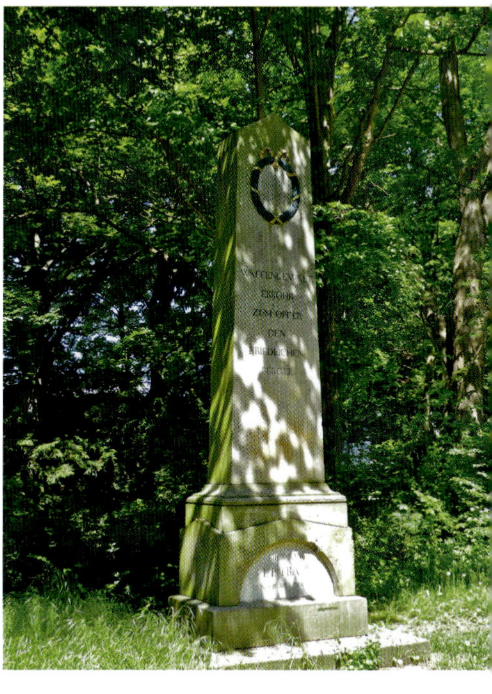

Auf der Südseite des Hüxterdamms lagen bis ins 19. Jahrhundert zwei Mühlen. Als der Krähenteich hier zugeschüttet wurde, entstanden auf dem westlichen Gelände Grünanlagen mit beachtlichem Baumbestand zwischen Hüxterdamm und der Rehderbrücke, südlich der Brücke wurde ein schmaler Damm zwischen Kanal und dem restlichen Krähenteich errichtet mit einem Promenadenweg, der kurz vor der Mühlentorbrücke am Steilhang zum verbliebenen Rest der Bastion Schwansort endet. Auf der baumbestandenen Höhe steht ein Gedenkstein für den hier 1813 von der französischen Besatzungsmacht erschossenen Schlachter Jürgen Paul Prahl. Wegen eines Gerangels mit einem französischen Offizier erkannte das Gericht auf Aufruhr und verhängte das Todesurteil. Alle Gnadengesuche blieben erfolglos. Die Stele wurde 1820 errichtet und trägt die Inschrift „Waffengewalt erkohr zum Opfer den friedlichen Bürger.“

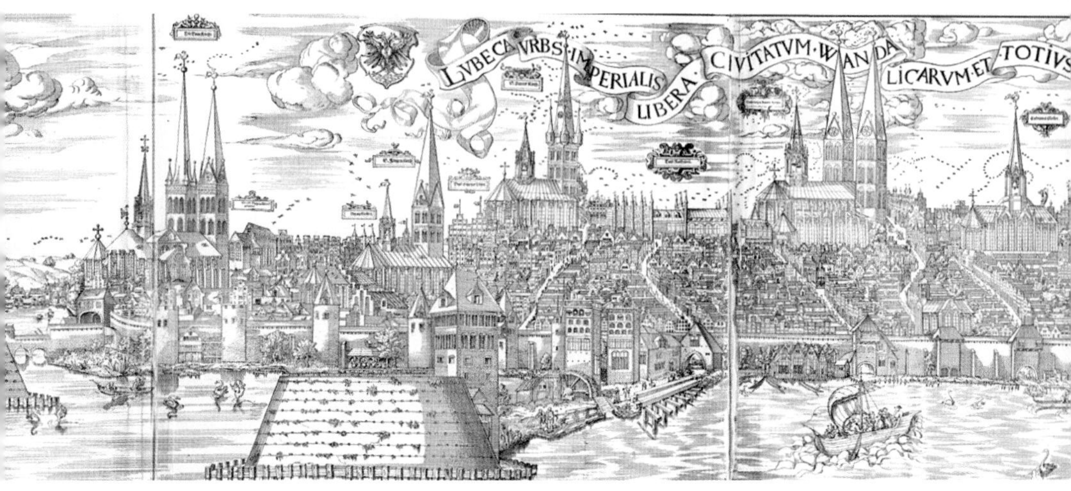

Vor dem Mühlentor: Armenfriedhof, Siechenhaus und Schweinekoben

Auch das Gelände vor dem Mühlentor war weitgehend freies Feld und diente jahrhundertelang als Gemeinweide „auf dem Brink“. Von hier bog südlich die historische Alte Salzstraße ab, die über Mölln zur Elbe und weiter nach Lüneburg führte. Eine zweite Wegführung in südöstlicher Richtung durchquerte die Grönauer Heide mit dem Ziel Ratzeburg. Im Jahre 1260 wird erstmals erwähnt, daß vor dem Mühlentor eine St. Jürgen-Kapelle existiert, und damit auch ein Siechenhaus vor allem für Leprakranke. 1601 kam noch ein Haus „für die armen Absinnigen“ hinzu, eine primitive Unterkunft für psychisch kranke Menschen. 1629 mußte alles einschließlich des Friedhofes der Erweiterung der Befestigungsanlagen weichen.

Da die Bäckerinnung seit 1582 keine Schweine mehr in der Stadt halten durfte, hatte der Rat angeordnet, daß die Bäcker ihre Schweinekoben auf dem Brink vor dem Mühlentor aufstellen mußten, um unverkäufliche Backwaren zu verfüttern.

1635 legte die Stadt dort einen neuen Friedhof an, den St. Annen-Kirchhof, oder, wie man in der Stadt sagte: „de armen Lüüds Karkhof". Ursprünglich nur für die Insassen des Armenhauses St. Annen gedacht, wurden dort bald alle Armen der Stadt begraben, 1868 wurde der Kirchhof dann zugunsten des Burgtorfriedhofes geschlossen.

Der Zugang zu den Mühlentoren war auch hier seit dem 17. Jahrhundert durch ein bastionäres Festungswerk gesichert, das ab 1804 nach und nach niedergelegt wurde. Mit dem Kanalbau nutzte man Teile des Geländes, vor allem den Wassergraben des Ravelins, um dort den Bodenaushub abzulagern, und darauf schuf der Stadtgärtner Langenbuch dann eine Parkanlage.

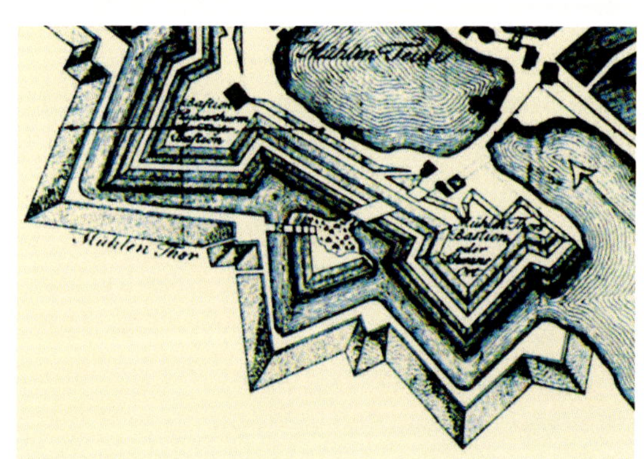

1787

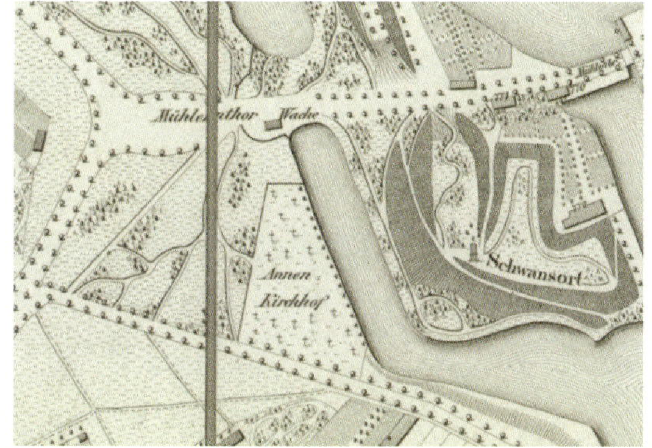

1823

15. Grünanlage am Gebhardweg

***Kronsforder Allee 2, Haltestelle: Stresemannstraße, Buslinien:* 1,4,6,9**

Unmittelbar vor dem mittleren Mühlentor, das Durchlaß durch den Wall gewährte, lag ein zusätzliches Ravelin, also eine Dreiecksanlage mit Spitze nach außen, deren beide Seiten mit Wällen versehen waren und zusätzlich durch einen Wassergraben geschützt wurden. Die Spitze dieses breiten Grabens lag übrigens unter dem heutigen Mühlentorplatz. Südlich schloß sich unmittelbar ein neues Grabendreieck vor der Bastion Pulverturm an, das bis dicht an die Kronsforder Allee reichte.

Zwischen deren Anfang und dem Kanal erstreckt sich eine Grünanlage, die vom Gebhardweg durchzogen wird. Sie bedeckt zu großen Teilen diese beiden Festungsgräben, die mit den Erdmassen der abgetragenen Wälle verfüllt sind, und entstand bereits um 1850. Der Kanalbau veränderte das Areal erneut, und der Stadtgärtner Langenbuch gestaltete dessen Uferzonen ab 1887 gärtnerisch neu. Eine leichte Bodenerhebung läßt noch einen Rest der Wallanlagen erahnen. Übernehmen konnte er neben anderen Laubbäumen auch mehrere Ulmen, die allerdings 150 Jahre später dem Ulmensterben zum Opfer fielen (Daran erinnert nun eine Informationstafel). In die Rasenflächen setzte er zusätzliche Buschgruppen, vor allem am Hang zum Uferweg hinunter. Begrenzt wird diese Anlage heute durch zwei sehr unterschiedliche Gebäude: Am Südrand wurde bereits 1893 ein Bürogebäude für die drei Jahre zuvor gegründete Hanseatische Versicherungsanstalt für Inva-

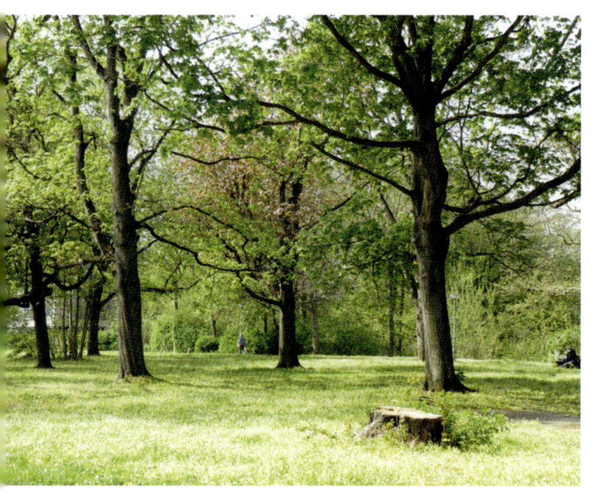

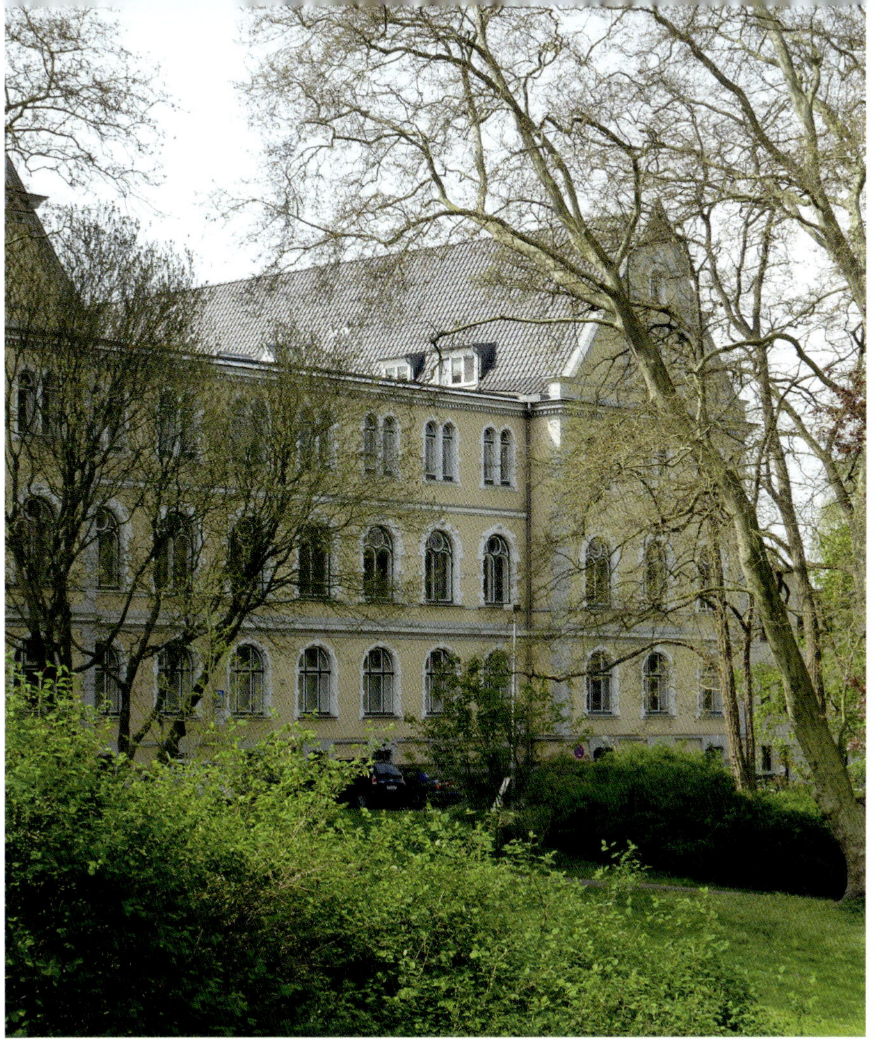

liditäts- und Altersversicherung errichtet. Zu ihrem ersten Leiter wurde 1891 der Jurist Hermann Gebhard berufen. Ihm verdankt der durch unsere Anlage führende Hauptweg seinen Namen. Direkt am Mühlentorplatz wurde 1941 ein Hochbunker errichtet. Der fünfgeschossige Bau wurde mit Ziegeln im Klosterformat umkleidet. Er soll damit an einen der Türme des äußeren Mühlentores erinnern, das um 1550 entstanden ist, aber bereits 1662 für ein Kurtinentor wieder weichen mußte, also einen Durchlaß durch den Festungswall ohne besondere Hochbauten.

16. Grünanlage am Brink (auch Hermann-Hesse-Park genannt)

Ratzeburger Allee/Hüxtertorallee, Haltestelle: Stresemannstraße, Linien: 1,4,6,9

Nördlich vom Mühlentorplatz liegt zwischen Ratzeburger Allee und Bäckerstraße diese Grünanlage, die – heute – vom Ende der Hüxtertorallee durchschnitten wird. Für sie gilt zunächst einmal die gleiche Entstehungsgeschichte. Unmittelbar entlang dem Wassergraben des Mühlentor-Ravelins befand sich der St. Annen-Friedhof, dessen klassizistisches Eingangsportal noch bis 1952 dort stand. Er fand seine östliche Begrenzung durch die ursprüngliche Wegführung der Hüxtertorallee, übrigens Lübecks erste richtige Allee: Nachdem der Sandweg 1746 gepflastert wird, ließ der Senator Bonser ihn auf eigene Kosten mit Lindenreihen bepflanzen.

Zur Ratzeburger Allee hin gab es bereits eine Parkanlage, jenseits der Hüxtertorallee eine weite Rasenfläche, die als Brink bezeichnet wird. Er ist der Rest der Weidefläche für das Milchvieh der Städter vor dem Mühlentor. Bis 1910 wurde sowohl der aufgelassene Friedhof als auch der Brink bis an die Antonistraße zu einer zusammenhängenden Parkanlage. Dieses Bild änderte sich erst, als mit Anlage des Verkehrskreisels auf dem Mühlentor-

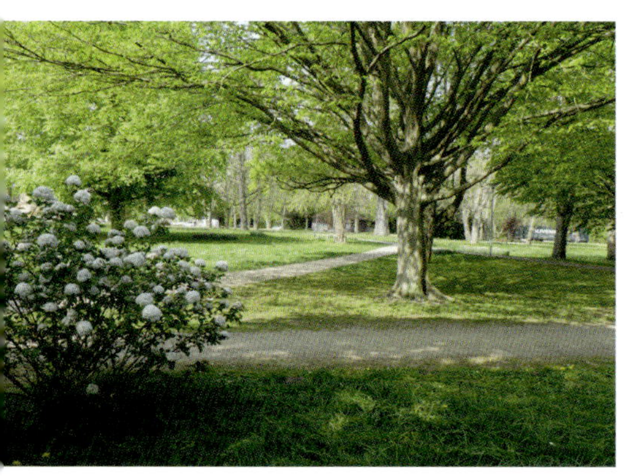

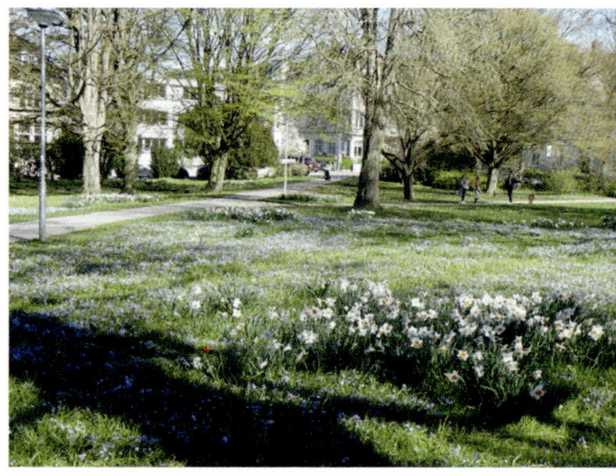

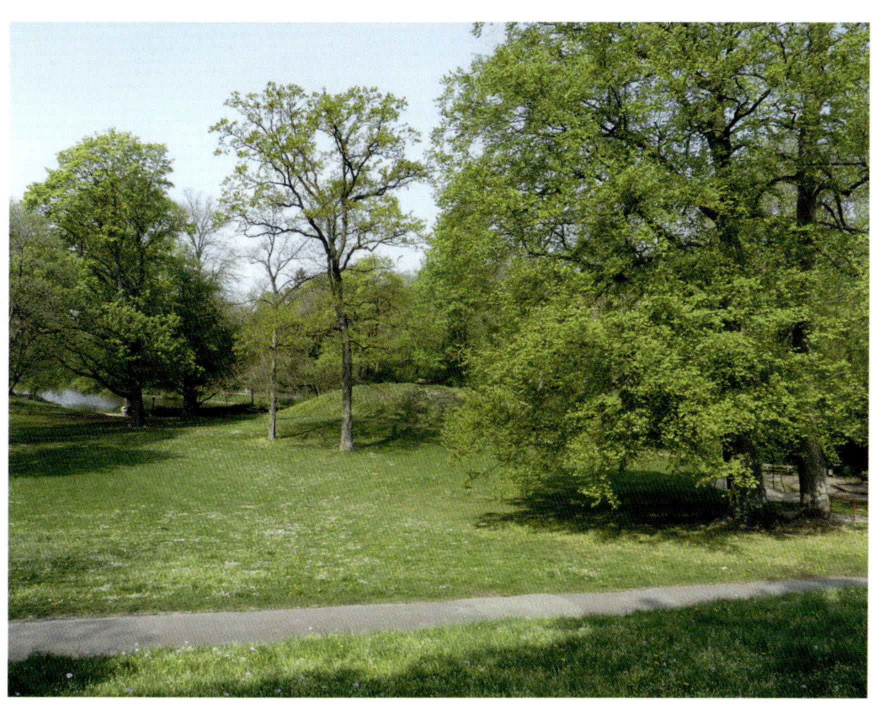

platz auch die Hüxtertorallee zu diesem Kreisverkehr hin Richtung Westen verlegt wurde und so den ehemaligen Friedhof durchschnitt.

Heute führt ein Hauptweg von der Mühlenbrücke quer durch den Park zur Bäckerstraße, benannt nach dem Schriftsteller, Dichter und Maler Hermann Hesse (1877-1962). Er kreuzt einen weiteren Weg, der dem Verlauf der eingezogenen Hüxtertorallee folgt. Bei genauerem Hinsehen zeigen ihn einige Linden noch an. Der Park wird von einem unregelmäßigen, aber vielfältigen Baumbewuchs unterschiedlicher Arten beschattet, neue Alleebäume finden sich entlang der jetzigen Hüxtertorallee. Zur Bäckerstraße hin begegnen wir einer Randbepflanzung mit Buschwerk und Blumen. Sie ist der Rest einer 1952 neu angelegten Rabattenanlage mit Sitzgruppen, die wieder verschwunden sind. Im Frühjahr überdeckt ein üppiger blauer Blütenteppich von Frühlingssternen (triteleia laxa) teilweise den Rasen, dazu gesellen sich mehrere große Gruppen von Osterglocken.

17. von Großheim-Platz

Am Brink/Strohkatenstraße, Haltestelle: Stresemannstraße, Linien: 1,4,6,9

Ein recht verstecktes Dasein führt diese nur knapp 4.000 m² große Anlage dort, wo Bäckerstraße und Am Brink auf die Strohkatenstraße stoßen. Vorgartenähnlich wird der rechteckige Platz von einer Buchenhecke eingefaßt. Entlang der Hecken zieht sich eine Staudenbepflanzung, der Rest ist eine Rasenfläche mit einem Mittelweg, der auf einen Brunnen zuführt. Vier bereits vorhandene Linden wurden in den kleinen Park integriert. Die dreiteilige Brunnenanlage besteht aus Muschelkalk: Zu beiden Seiten schwingen viertelkreisförmige Mauern aus, zu denen Sitzbänke und vier Pfosten mit ornamentalen Blumenbekrönungen gehören. Der Mittelteil ist stark erhöht und wird von einem Schweifgiebel abgeschlossen. Darin sind zwei Muscheln als Wasserspeier angeordnet und im Zentrum ein ovales bronzenes Flachrelief mit einem seitlichen Brustbildnis von Carl Friedrich Ernst von Großheim, der 1841 in Lübeck, unmittelbar gegenüber in dem klassizistischen Haus Bäckerstraße 21 geboren wurde. Er war damals ein bekannter Architekt, seit 1880 Mitglied der Preußischen Akademie der Künste und

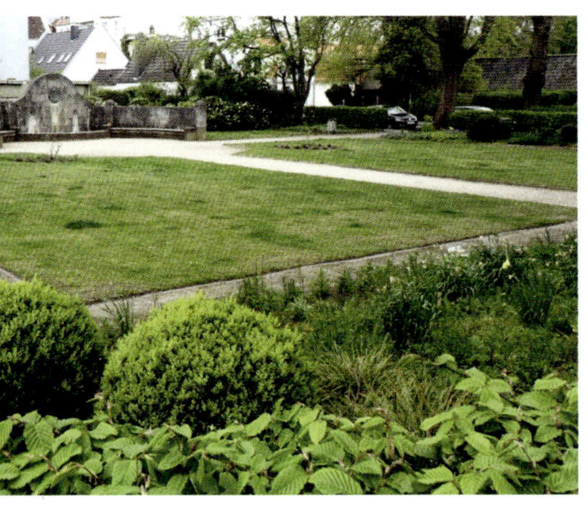

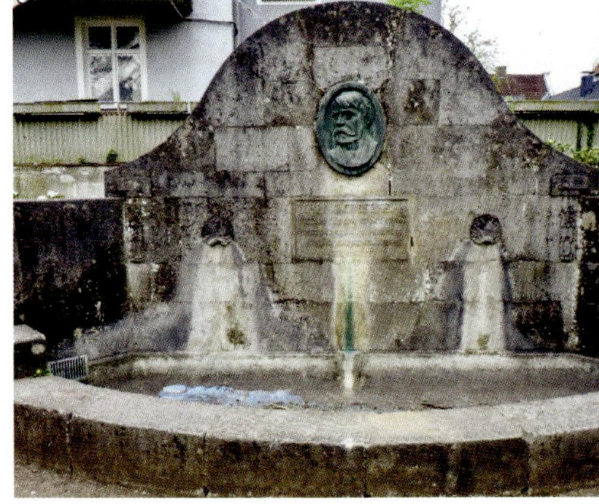

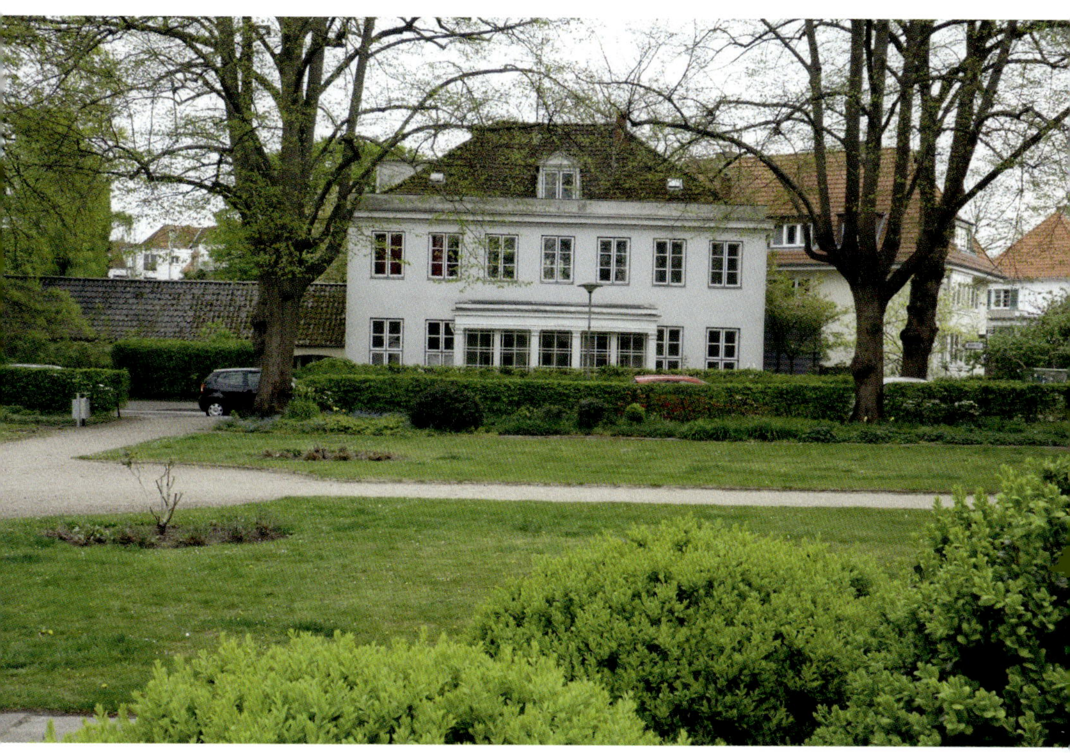

1910 auch deren Präsident. Das Relief hat die Gattin des Verstorbenen gestiftet. Darunter befindet sich eine Inschrift und vor dem Mittelteil ein halbkreisförmiges Becken zur Aufnahme der Wasserstrahlen.

Das Eckgrundstück hatte lange als Schweinetränke gedient. 1847 wurde die Tränke trockengelegt und blieb seitdem ungenutzt. 1912 beschloß der Rat, für Karl von Großheim einen Gedächtnispark anlegen zu lassen und wählte wegen der Nähe zum Elternhaus diesen Platz. Die Parkanlage wurde von Harry Maasz gestaltet. 1942 hat man die Anlage komplett beseitigt und dort einen Feuerlöschteich angelegt. Erst 1990 wurde er zurückgebaut, um anschließend die Parkanlage zu rekonstruieren. 1991 wurde auch der Brunnen wieder in Betrieb genommen, 2020 war er allerdings ohne Wasser.

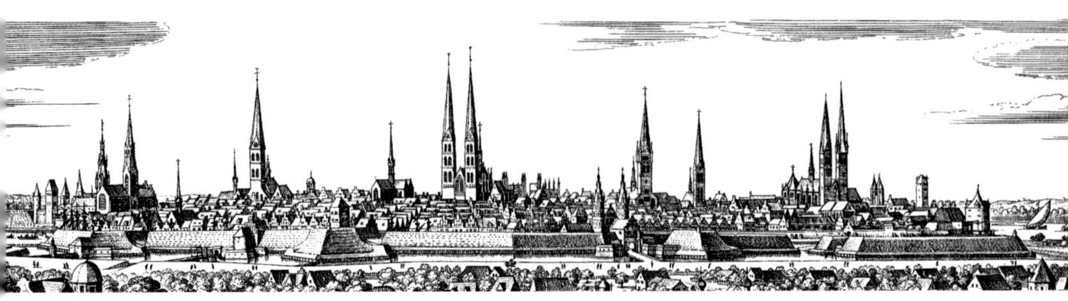

Die Wallanlagen: Das grüne und das blaue Band

Diese größte (und älteste) öffentliche Parkanlage Lübecks erstreckt sich von der Puppenbrücke südwärts um den Stadthügel herum bis zur Mühlentorbrücke und verdankt ihre Existenz militärischen Anforderungen. Anfangs schützte sich die Hansestadt durch einen Mauerring um die Altstadt herum, mit Trave und Wakenitz als zusätzlichen Hindernissen. Seit Aufkommen der Feuerwaffen waren steile Wälle der bessere Schutz, zunächst nur im Westen in den sumpfigen Wiesen am Traveufer. Im 17. Jahrhundert umgab sich die Stadt – außer zur Wakenitz hin – nach und nach mit einem weitläufigen Befestigungsring aus fünfeckigen Bastionen und geraden Wallabschnitten dazwischen, vor die dann noch der breite Stadtgraben gelegt wurde, der zickzackförmig die Anlagen umfloß. Die

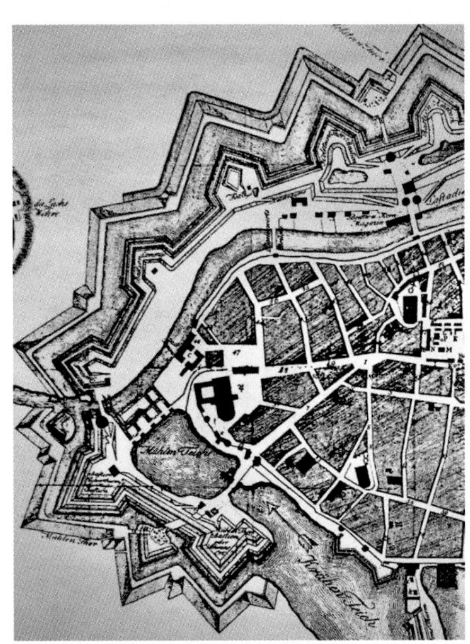

1782

Stadttore ebenso wie die Öffnungen für die Trave wurden zusätzlich durch Ravelins gesichert, dreieckige, ebenfalls durch Gräben verstärkte Befestigungen noch vor dem Stadtgraben. Einen Angriff oder eine Belagerung hat diese bastionäre Befestigung allerdings nie erlebt.

Im 18. Jahrhundert begann man, Wälle und Bastionen mit Baumreihen zu bepflanzen, vorrangig Ulmen und Linden, einerseits zur Befestigung der Hänge, dann aber auch immer mehr als Promenaden für die erholungssuchenden Städter. Dafür wurde eigens eine Baumschule eingerichtet. Der preußische Gartenarchitekt Peter Joseph Linné erhielt den Auftrag, die Wälle zu einer Grünanlage umzugestalten, und der Stadtgärtner Metaphius Langenbuch führte diese Aufgabe weiter, indem er nach dem Kanalbau auch das Vorfeld als Parkanlage einbezog. Die Wälle zwischen Holstentor und Burgtor fielen allerdings dem Eisenbahnbau und der Erweiterung des Hafens zum Opfer, dennoch sind die Wallanlagen bis heute ein bis zu 17 Meter hoher Baumpark aus teilweise besonderen Gehölzen.

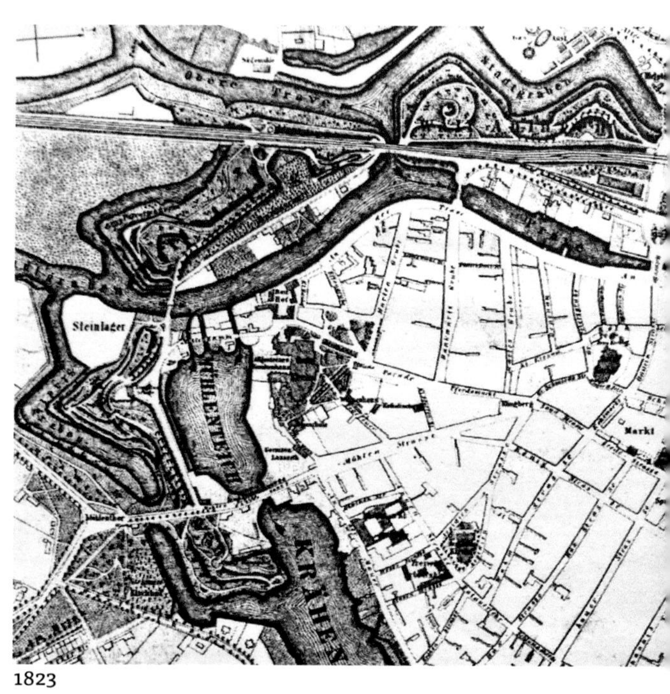

1823

Man sollte sich Zeit nehmen für die Wanderung über die Wälle, den Anblick oft skurril gewachsener Bäume genießen, nach Ausblicken auf die Altstadt mit ihren Türmen oder auf den idyllischen Stadtgraben suchen und gerne auch auf einer der Bänke eine Ruhepause einlegen.

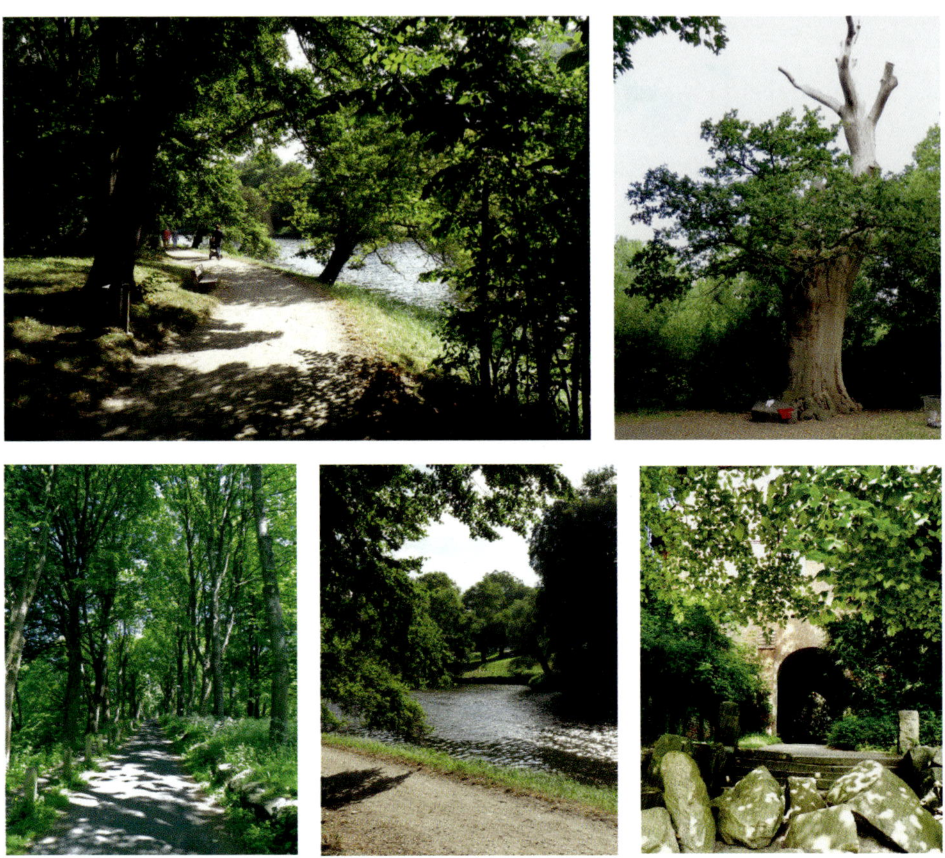

18. Der östliche Teil der Wallanlagen zwischen Mühlentorbrücke und Wipperbrücke

zwischen Wallstraße und Kanaltrave, Haltestelle: Stadthalle, Linien: 1,2,4,6,7,9,15,16

Dieser erste Abschnitt liegt zwischen Mühlenteich und dem Elbe-Lübeck-Kanal, dessen Bau auch an den Wallanlagen seine Spuren hinterlassen hat. Der Rest der durchgehenden Befestigungsanlagen, die Bastion Schwansort jenseits der Straße „An der Mühlenbrücke" wurde weitgehend abgetragen.

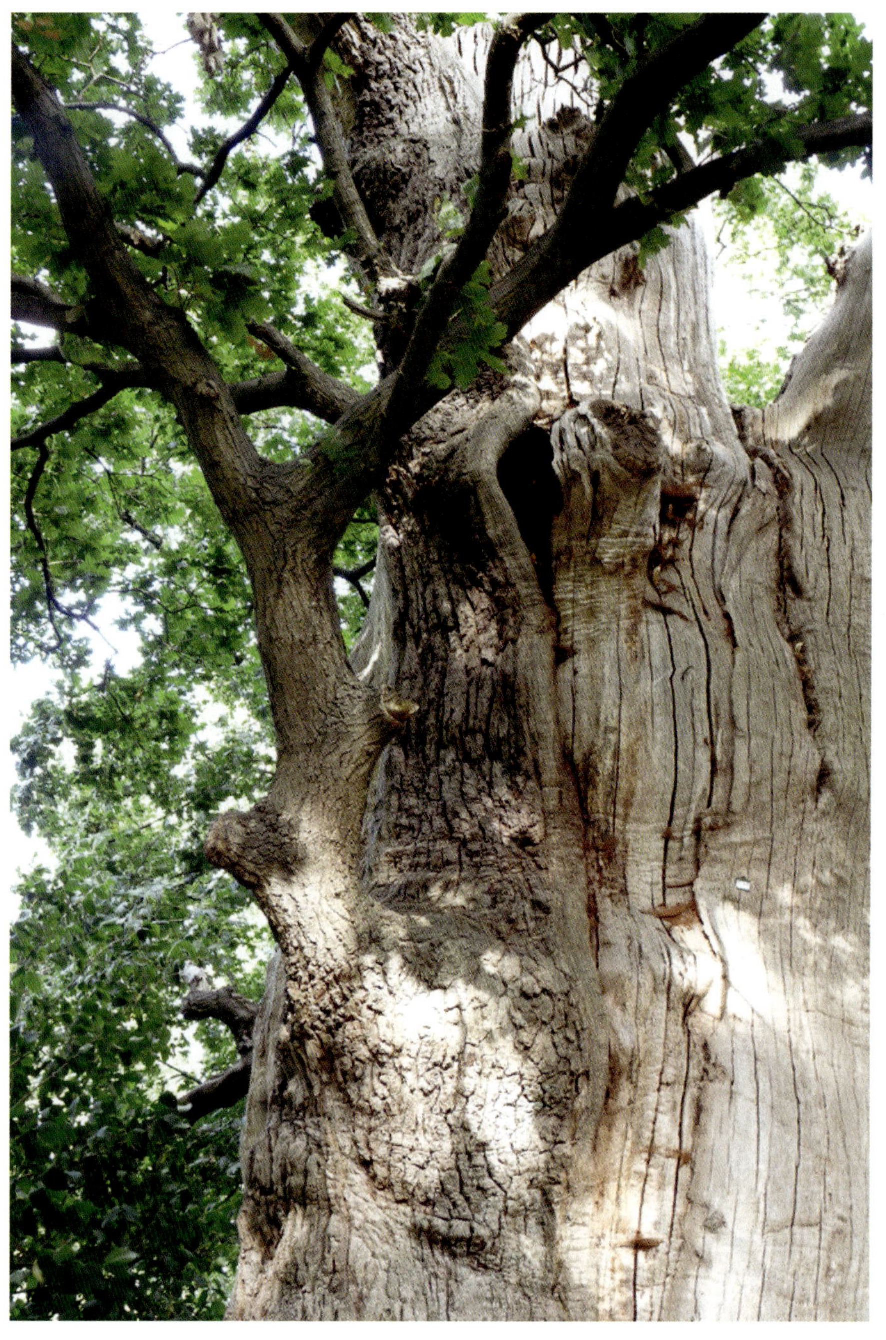

18. Der östliche Teil der Wallanlagen zwischen Mühlentorbrücke und Wipperbrücke

Die Bastion Pulverturm, gegenüber dem Mühlendamm gelegen, wurde beim Kanalbau bis auf den hinteren Teil abgetragen, der westlich davon gelegene Graben verschüttet. Dadurch kam auch wieder eine frühere Anlage aus dem 13. Jahrhundert ans Tageslicht: das Kaisertor, das nun erneut geöffnet wurde. Die Reste eines Zwingers sind jetzt am Kanaluferweg zu besichtigen, der Turm muß also einmal ein weiterer Stadtzugang gewesen sein. Auf seinem herausragenden Stumpf errichtete man bereits 1826 eine Navigationsschule. Die Kurtine zur Mühlenbrücke hin – Nothwall genannt und bereits um 1400 erwähnt – wurde soweit abgeschrägt, daß von dort eine Allee als Zufahrt zu dem neuen Gebäude angelegt werden konnte.

Auch den dem Trave-Einlaß vorgelagerten Triangel hatte man teils eingeebnet, teils zum Kanalbau hinzugezogen. Auf der dort entstandenen freien Fläche wurde 1927 ein Wasserspielplatz angelegt (sog. Spielplatz Nizza) mit einem großen halbrunden aus Klinkersteinen gemauerten Becken und mehreren Sitzgelegenheiten. 1930 kam dann noch ein Ziehbrunnen hinzu. Am Zugang zum Spielplatz führt von der Wallstraße eine Treppe auf die Bastion hinauf, an ihr findet sich der wohl älteste Baum Lübecks, eine etwa 400 Jahre alte Stieleiche mit einem Umfang von 5,66 Metern, die zwar weitgehend abgestorben ist, aber dennoch einen imposanten Eindruck macht.

19. Der Wallabschnitt zwischen Wipperbrücke und Wallbrücke

---

zwischen Possehlstraße und Stadtgraben

Die Wipperbrücke läßt die Trave durch die Befestigungsanlagen hindurch in die Stadt fließen. Schon 1644 hat man hier eine Zugbrücke errichtet, um im Verteidigungsfall Truppen rascher verlegen zu können. Noch bis 1931 gab es nur eine schmale hölzerne Jochbrücke, die dann einer steinernen Straßenbrücke weichen mußte. Für den Namen gibt es zwei unterschiedliche Erklärungen: Er soll sich auf die wippende Konstruktion der ersten Brücke beziehen, lautet die eine. Die andere führt den Namen darauf zurück, daß hier betrügerische Kaufleute mit Ertränken bestraft wurden, also ins Wasser gewippt wurden.

Gleich hinter dieser Brücke befindet sich am Wallfuß eine Terrakottafigur auf einem Klinkersockel, das *„Neptun-Werbemal"*, 1930 von Alwin Blaue geschaffen (Der Name ist erklärungsbedürftig: Der Sockel sollte ursprünglich Werbehinweise des Theaters enthalten, und die Figur stellt gar nicht den Meeresgott Neptun dar, sondern den Meeresgeist Triton). Von dort führt ein Weg zum Stadion Buniamshof, benannt nach der hier liegenden Bastion. Der davor gelegene Stadtgraben wurde zugeschüttet, auf dem flachen Gelände 1911 das Sportgelände errichtet. Nahe dem Sportplatz befindet sich ein Anfang der 1920er Jahre von Hans Schwegerle (1882-1950) gestaltetes Ehrenmal der Lübecker Turnerschaft.

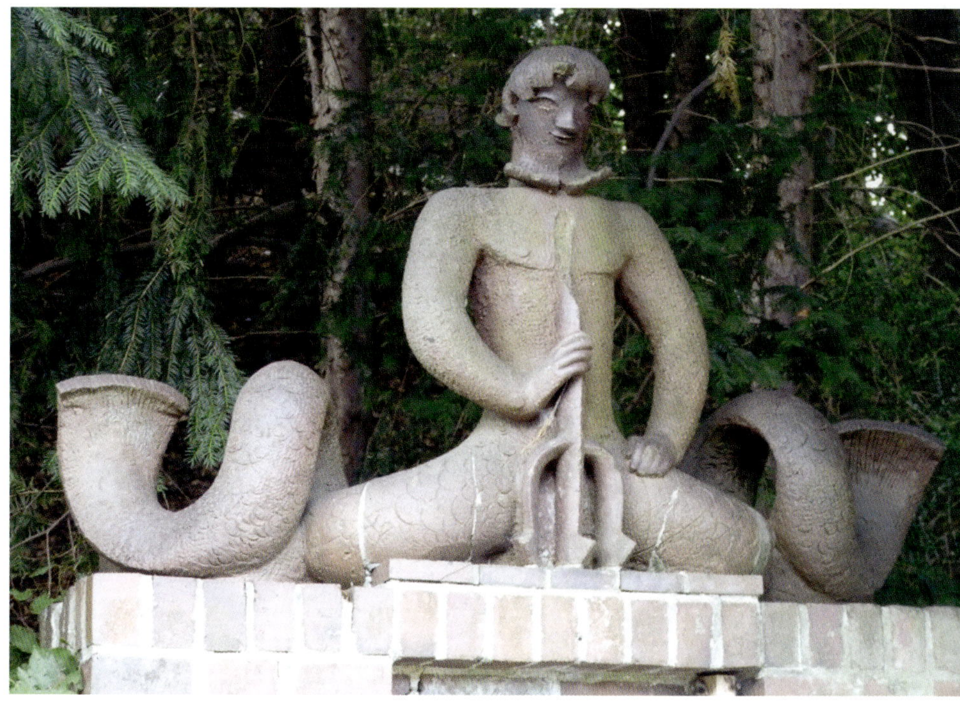

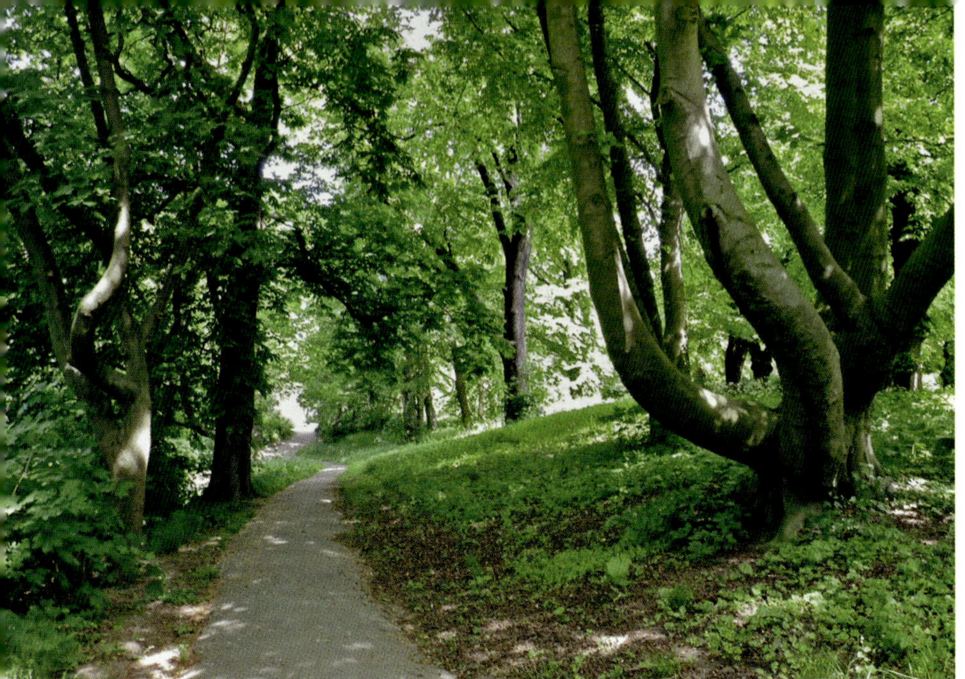

In die Bucht der Bastion baute die Stadt anläßlich der 700-Jahr-Feier der Reichsfreiheit 1926 eine Freilichtbühne, die bis heute oft und gerne genutzt wird. Von hier führt ein langgestreckter gerader Wallabschnitt – eine sog. Kurtine – in nordwestliche Richtung. Er wird stadtseitig von der Wallstraße begrenzt, auf dem schmalen Grünstreifen dazwischen befand sich früher die städtische Baumschule. In die weite Bucht der nächsten Bastion Commis hat sich eine Minigolfanlage gezwängt, das Baumschulgebäude ist ganz am Ende erhalten geblieben. Unter den Bäumen nahe der Wallstraße sticht eine über hundertjährige Ungarische Eiche hervor.

An seinem nördlichen Ende wurde der Wall Mitte des 19. Jahrhunderts durch eine schnurgerade Bahntrasse zerschnitten, die von Büchen kommend zu Lübecks erstem Bahnhof auf dem Gelände vor dem Holstentor führte. Heute wird sie von der Possehlstraße genutzt, die dort als Wallbrücke den Durchstich zwischen Stadtgraben und Obertrave überquert. Dadurch fällt der Wall hier steil zur Straße ab, sie kann nur über eine Treppe erreicht werden.

20. Die westlichen Wallanlagen zwischen Wallbrücke und Puppenbrücke

zwischen Possehlstraße und Stadtgraben, Haltestelle: Holstentorplatz, Buslinien: 1,2,6,7,9,10,11,15,16,21,31,32,39,40

Im Osten bildet die Possehlstraße die Grenze, im Westen ist es der Stadtgraben, der in künstlichen Mäandern am Fuße der Wälle verläuft. Zwei Bastionen sind bis heute zu erkennen: Im Katzenberg versteckt sich die frühere Bastion Katze, die mit 17 Metern den Wall zwischen den Bastionen um fünf Meter überragt. Spazierwege folgen den jeweiligen Hangrändern. Der Baumbestand hat in den letzten Jahren wieder mehr Pflege erhalten, doch es gibt auch viel Buschwerk und freie Rasenflächen. Östlich des Katzenberges, jenseits der Wallstraße gibt es eine idyllische Parkanlage am Traveufer südlich der Dankwartsbrücke, der sogenannte Malerwinkel mit einem schönen Blick auf die gegenüberliegende Häuserzeile und die sie überragenden Domtürme.

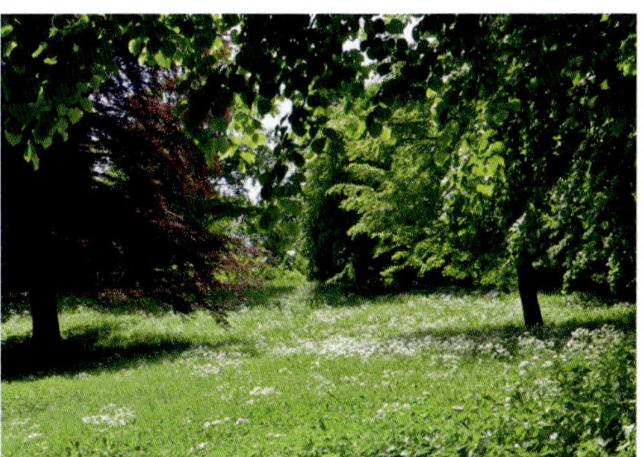

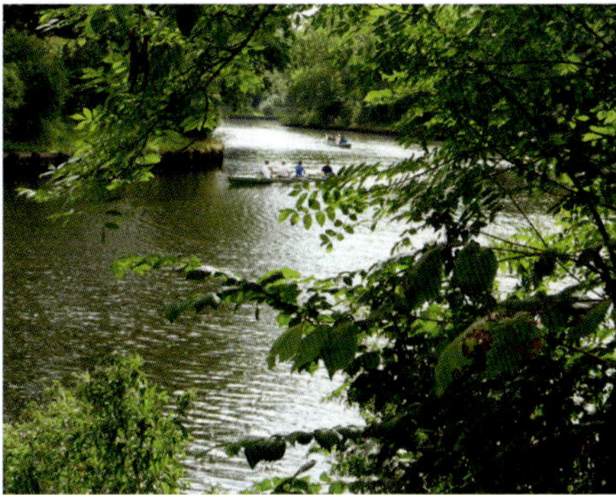

Auch hier verbindet eine Kurtine die Bastion Katze mit der nördlich gelegenen Holstentorbastion, an deren nordwestlicher Flanke heute ein halbkreisförmiger Platz mit Sitzgelegenheiten zum Verweilen einlädt, der Sonnenplatz. Im Frühjahr wachsen dort tausende Narzissen strahlenförmig den Wallhang hinauf.

Entlang des Stadtgrabens führt ein Uferweg von der Wallbrücke unterhalb von Katzenberg und Wall bis zu diesem Platz. Empfehlenswert ist auch der Wanderweg am westlichen Ufer des Stadtgrabens zwischen Puppen- und Wielandbrücke. Von dort schaut man auf die Wallanlagen gegenüber.

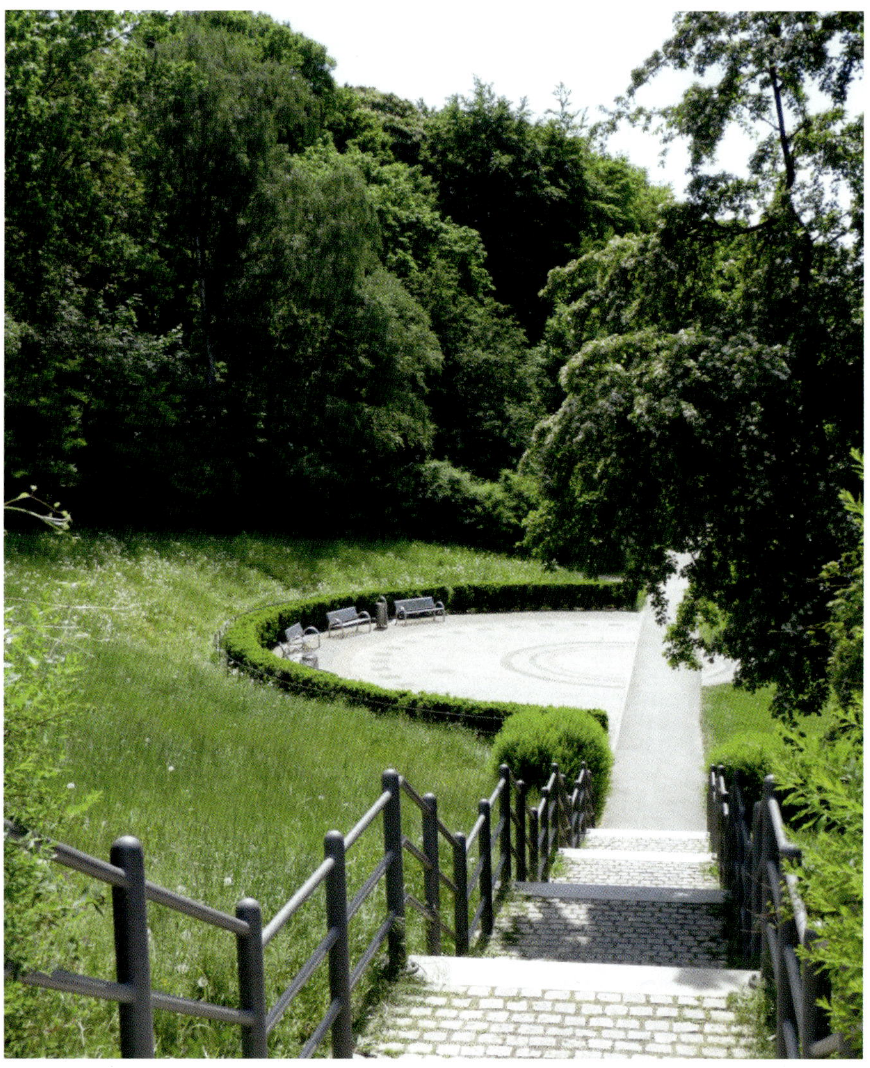

Vor dem Holstentor: Vom Pferdemarkt zum Verkehrsknoten

Seit Stadtgründung zog sich eine Straße vom Markt den Hügel hinab zur Trave, um sie zu queren und dann in die westlich gelegene Grafschaft Holstein zu führen. Vor dem Stadttor entstand noch vor 1216 eine Brücke, zunächst aus Holz, dann aus Stein. Diese bis ins 19. Jahrhundert hinein stark gebuckelte Brücke wurde 1854 durch einen Übergang mit ebener Fläche ersetzt.

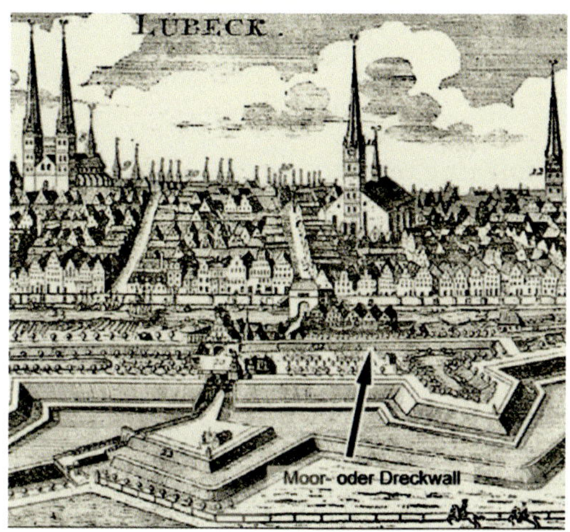

Im 15. Jahrhundert errichtete die Stadt einen ersten Befestigungswall auf dem westlichen Traveufer, in den 1478 das heutige (einzig verbliebene) Holstentor gesetzt wurde. Später war ihm eine bastionäre Wallanlage mit weiteren Tordurchlässen vorgelagert, bis der Bau des Bahnhofes zu einem freien Platz zwischen Holstentor und Puppenbrücke führte.

Jahrhundertelang war das Holstenfeld jenseits des Stadtgrabens Gemeinweide, die freie Grasfläche vor dem äußeren Ravelin der Befestigungsanlagen diente dann als Pferdemarkt, über den drei Ausfallstraßen nach Hamburg, Segeberg (die „Lübsche Trade“) und Eutin führten. Als diese zu Lindenalleen wurden, bekam er 1869 den Namen Lindenplatz.

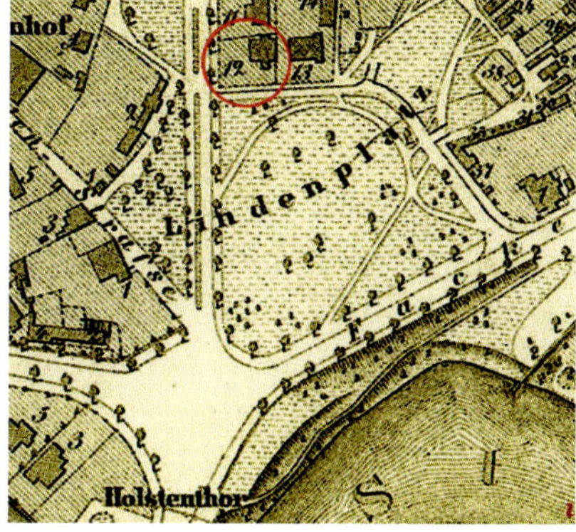

15 Jahre später gestaltete ihn Stadtgärtner Langenbuch zu einem Schmuckplatz aus. Es entstand eine größere Parkanlage als botanischer Garten mit rund 100 ausländischen Baum- und Straucharten. Als nach 1900 der Bahnhof weiter westlich verlegt wurde, fiel ihm ein großer Teil des Parks zum Opfer. Später wurde mit dem heutigen Lindenplatz eine große Verkehrsinsel vor der Puppenbrücke angelegt.

21. Holstentorplatz

Haltestelle: Holstentorplatz, Buslinien:1,2,6,7,9,10,11,15,16,21,31,32,39,40

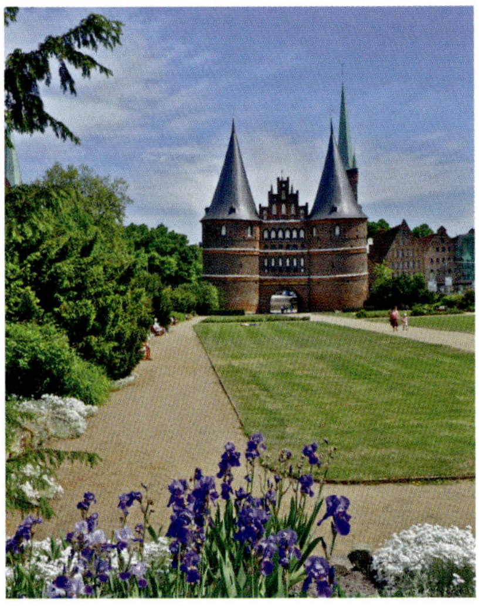

Nach Fertigstellung des (ersten) Bahnhofs 1851 wurde der nun freie Platz zwischen Bahnhof und Holstentor zu einem kleinen Park umgestaltet, in dessen Mitte ein Bronzedenkmal für Otto von Bismarck seinen ersten Platz fand. Erst 1934 erhielt der Platz vor dem Holstentor nach vielen Erörterungen seine heutige Gestalt: Das ehemalige Bahnhofsgebäude wurde abgerissen, zwei Straßenzüge in weitem Bogen um das Holstentor herum- und erst an der Brücke über den Stadtgraben zusammengeführt. Damit wurde ein tieferliegender Platz von rund 170 Metern Länge und etwa 70 Metern Breite geschaffen. Westlich der Straßenquerung Possehlstraße/Willy Brandt-Allee ergänzte ein dreieckiges Rasenstück die neue Anlage, die so durch die mit Statuen geschmückte Puppenbrücke mit dem Lindenplatz verbunden ist.

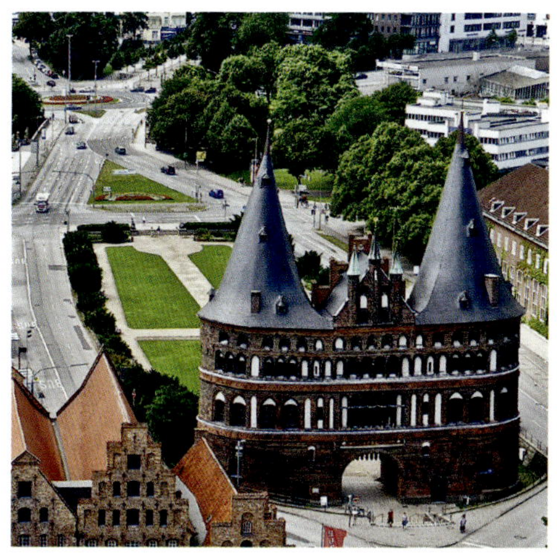

Auf der Stadtseite führt eine breite Treppenanlage auf das Niveau des Platzes hinunter und gibt den Weg dorthin durch den Torbogen frei. Dahinter befindet sich zunächst eine Freifläche, seitlich von Gebüsch umrahmt. Dann folgte eine weite Rasenfläche mit breitem Mittelweg, der auf der Hälfte von einem Querweg gekreuzt wird. An beiden Rändern verläuft je ein weiterer Weg mit Sitzbänken vor einem Staudenstreifen entlang den Stützmauern. Einziger Zugang ist ein Vorplatz im Westen, von dem einige Stufen zur Straße hinaufführen. Seitlich der Treppen liegen auf Podesten zwei lebensgroße Löwen in Eisenguss und verleihen diesem Eingang etwas Würdevolles. Sie sind ein Werk von Christian Daniel Rauch (1777-1857). Allerdings wurden sie erst 1949 hierher versetzt, bis 1942 zierten sie einen Hoteleingang am Klingenberg.

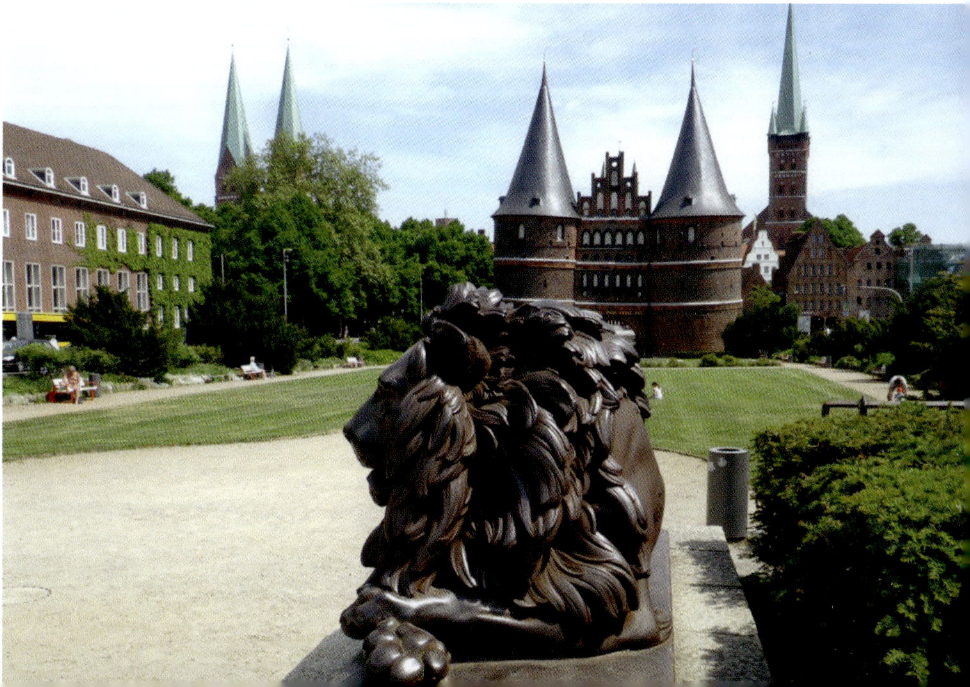

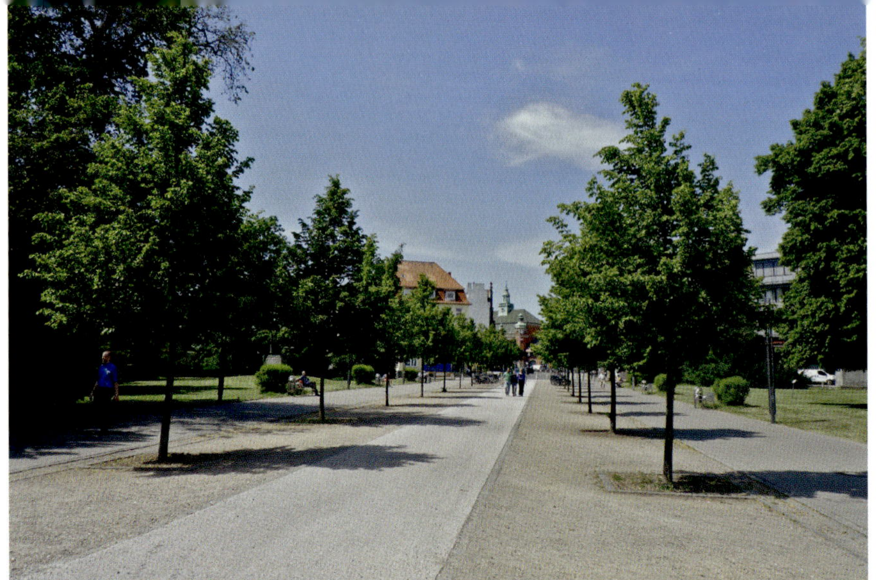

22. Lindenpark

Konrad-Adenauer-Straße, Haltstelle: ZOB,
Linien: 1,2,3,5,6,7,9,10,11,12,15, 16,17,21,30,31,32,39,40

Als der Bahnhof an seinen heutigen Platz verlegt wurde, fiel ihm der größte Teil des von Langenbuch 1884 angelegten Arboretums zum Opfer. Der geräumige Bahnhofsvorplatz mit seiner Randbebauung verdrängte das Grün, eine breite Zufahrtsstraße zur Puppenbrücke wurde durch den restlichen Park gelegt (heute: Konrad-Adenauer-Straße). Mit zunehmendem Verkehrsaufkommen wurde der Lindenplatz mit einem Kreisverkehr versehen, über die gepflasterte Verkehrsinsel liefen die Straßenbahngleise und teilten sich hier. So blieb letztlich nur das trapezförmige freie Gelände zwischen Hansestraße und Fackenburger Allee übrig, allerdings mit altem Baumbestand an den Rändern.

Mit Umgestaltung des Holstentorplatzes verlor das Bismarckdenkmal seinen Platz und mußte zum Lindenpark umziehen. Emil Hundrieser hatte die Statue entworfen, die nun im südlichen Teil der Anlage aufgestellt wurde. Ihr gegenüber im nördlichen Teilstück grüßt das Reiterstandbild Kaiser Wilhelm I. herüber. Es hat eine noch bewegtere Geschichte: Nach einem Modell von Louis Tuaillon, bereits 1915 angefertigt, aber erst 1921 gegossen, war es eigentlich für den Markt bestimmt, wurde dort aber nicht mehr aufgestellt. Von einem Lübecker Mäzen erworben und bewahrt, fand es 1934 endlich hier einen Platz. Der Volksmund hatte dieses Gegenüber gerne so kommentiert: Frage: ‚Was stellt Bismarck vor?' Antwort: ‚Den linken Fuß'. Zweite Frage: ‚Was denkt Bismarck?' ‚Der da drüben kann sitzen und ich muß stehen'.

Vor einigen Jahren wurde der Lindenpark gründlich umgestaltet: Um den Lindenplatz zu entlasten, wurde die Konrad Adenauer-Straße bis zum Bahnhofsvorplatz eingezogen und in eine Promenade mit drei parallelen Wegen für Fußgänger und Radfahrer verwandelt. Zwischen ihnen wurde eine Allee neu gepflanzt, seitlich laden eine Reihe Bänke zum Verweilen ein, je von einer Hecke geschützt. Die Ränder blieben mit Gebüsch und altem Baumbestand erhalten. Eine Besonderheit stellt ein fast 100jähriger Fächerblattbaum (Ginkgo) dar, der nahe der Fackenburger Allee als Solitärbaum zu bewundern ist.

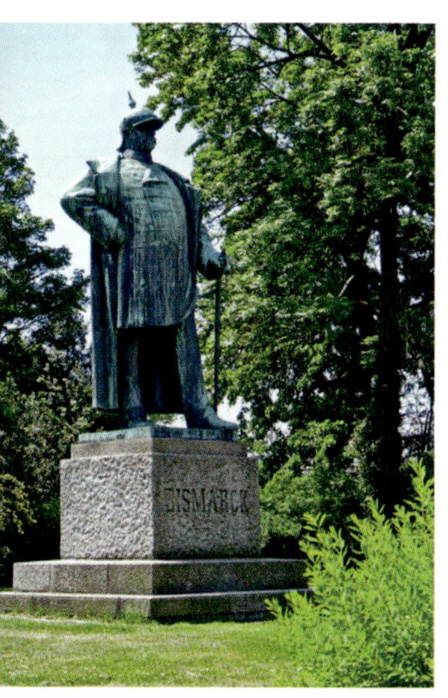

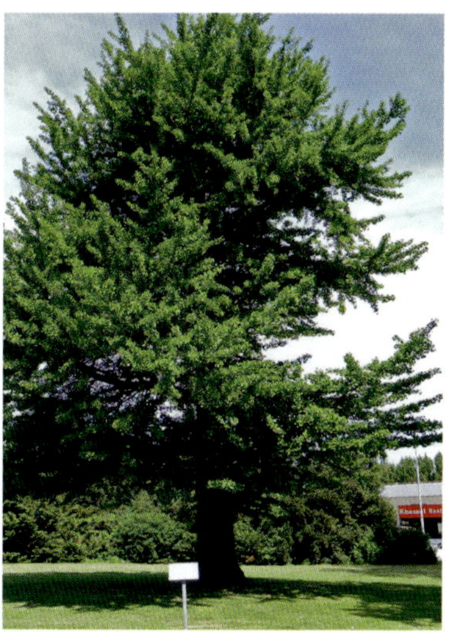

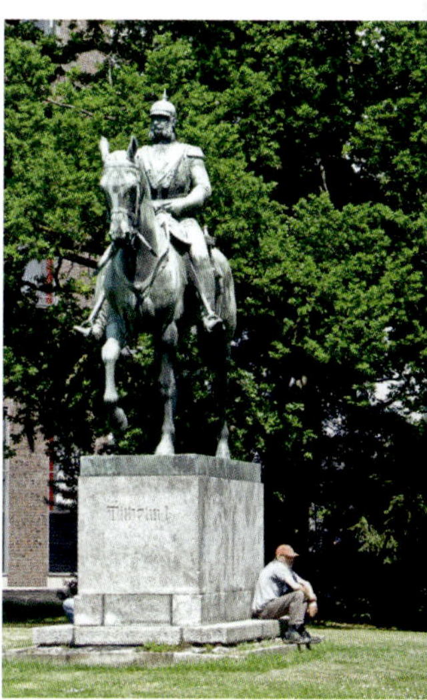

23. Grünanlage an der Obertrave-Brücke

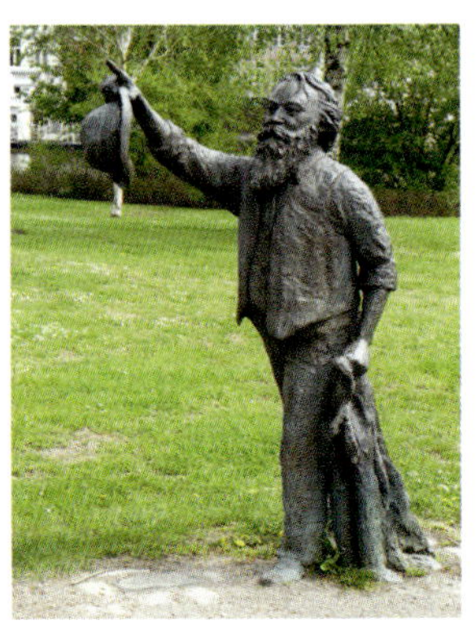

Wallstraße 7-9, Haltestelle: Holstentorplatz, Linien:1,2,6,7,9,10,11,15,16, 21,31, 32,39,40

Nur wenige Schritte vom Holstentorplatz entfernt liegt zwischen Wallstraße und Obertrave eine kleine und noch recht junge Grünanlage. Sie entstand mit dem Bau der Brücke 2007 (die wegen des später einsetzenden Brauches, Liebesschlösser am Brückengeländer zu befestigen, im Volksmund meist „Liebesbrücke" genannt wird). Von der Brücke führen zwei diagonale Wege zur Straße, dazwischen befindet sich noch das bebaute Grundstück Wallstraße 7-9. Der südliche Rand weist dichten Baumbestand auf. Den größeren nördlichen Bereich teilen sich eine Rasen- und eine Freifläche für Boule-Spiele. Dort sind einige Birken neu angepflanzt.

Am Rand dieses Weges steht eine lebensgroße Bronzeplastik von Johannes Brahms, 2012 von Claus Görtz geschaffen - ein Hinweis darauf, daß dieser Weg die Musikhochschule in der Großen Petersgrube mit der Holstentorhalle verbindet, die nach einem Umbau Übungsräume für die Studierenden enthält.

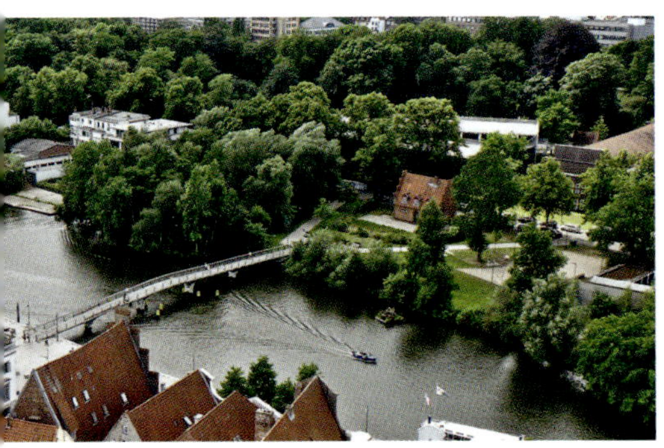

Von hier führt ein Wanderweg am westlichen Ufer der oberen Trave bis zur Dankwartsbrücke und jenseits über den „Malerwinkel" zur Wallbrücke. Bekannt ist er durch seinen Blick über die Dankwartsbrücke hinweg auf die Türme von St. Petri und St. Marien, die von hier aus eng beieinander zu liegen scheinen.

Vorstadt St. Lorenz-Nord: Zwei grüne Lungen im Häusermeer

Die Industrialisierung im 19. Jahrhundert erzwang die Anlage von Wohngebieten auch außerhalb des mittelalterlichen Stadtkerns. Auf dem Holstenfeld entstanden engbebaute Straßen mit Geschoßwohnungen, später auch Siedlungen mit Gartenland zur Selbstversorgung. Öffentliche Grünflächen waren dagegen nicht vorgesehen. Der Reformer und Gartenarchitekt Harry Maasz legte deshalb nach dem ersten Weltkrieg zweimal ein Konzept für einen Volkspark auf dem Gartengelände des Krempelsdorfer Herrenhauses vor, verwirklichen konnte er keins davon. Dennoch ist heute die Niederung des Flutgrabens hinter dem Herrenhaus zu einer öffentlichen Grünanlage „Herrengarten" geworden.

Anders entstand der Bürgerpark an der Vorwerker Straße: 1914 zog die Pflegeeinrichtung des Lübecker „Vereins zur Fürsorge für Geistesschwache" in die Triftstraße (Heute: Vorwerker Diakonie). Das weitläufige Gelände, das zuvor eine Feld-, Wald- und Wiesenlandschaft war, bot genügend Platz, sich durch eigene Land- und Viehwirtschaft selbst zu versorgen. Nachdem diese Arbeitszweige eingestellt wurden, konnte ein Teil des ehemaligen Wiesengeländes in einen auch der Öffentlichkeit zugänglichen Park umgestaltet werden.

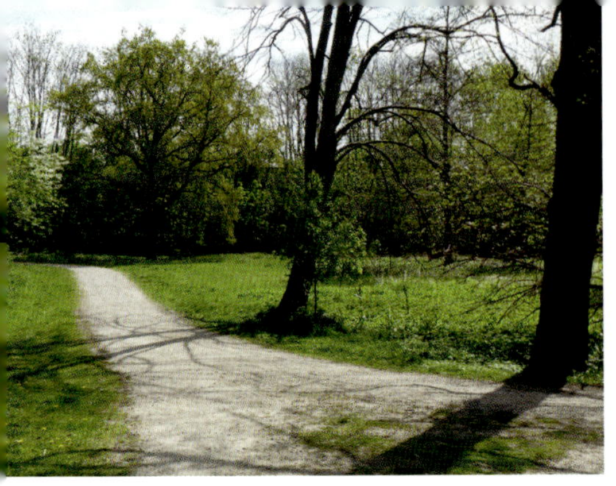

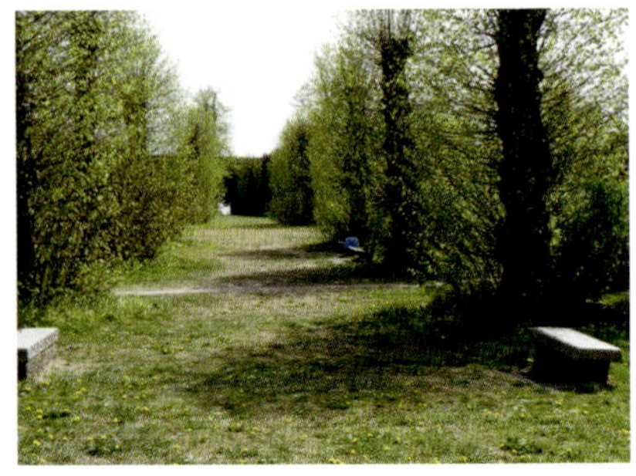

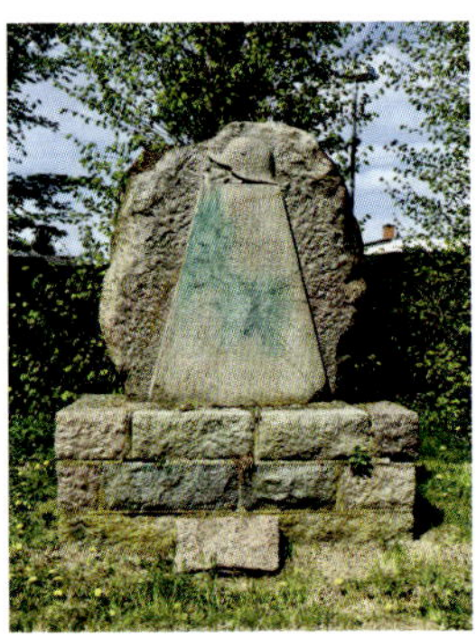

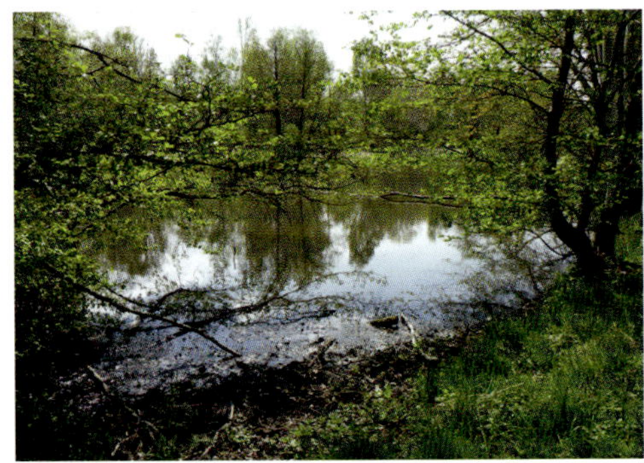

24. Herrengarten Krempelsdorf

Krempelsdorfer Allee 19, Haltstelle: Kurzer Weg, Buslinien: 7,9,12,17

Krempelsdorf war ein Gut mit angeschlossenem Dorf, in wechselndem Besitz vieler Lübecker Patrizierfamilien. 1786 errichtete Christian Brokes das schlichte spätbarocke Herrenhaus und legte den ersten Park mit einem heute verschwundenen Sommerhaus an. Erhalten blieben davon Teile einer Allee vor dem Herrenhaus parallel zur Krempelsdorfer Allee aus zurückgeschnittenen Linden. Heute führt sie auf ein Erinnerungsdenkmal zu. Auf einem Sockel aus drei Lagen Buckelquadern steht ein rundlicher Granitfels, vorne geglättet und mit einem Flachrelief, das unter einem Stahlhelm eine trapezförmige Texttafel zeigt: Unter der Überschrift „1914 - 1918 starben für uns" sind die Namen der Gefallenen aufgeführt.

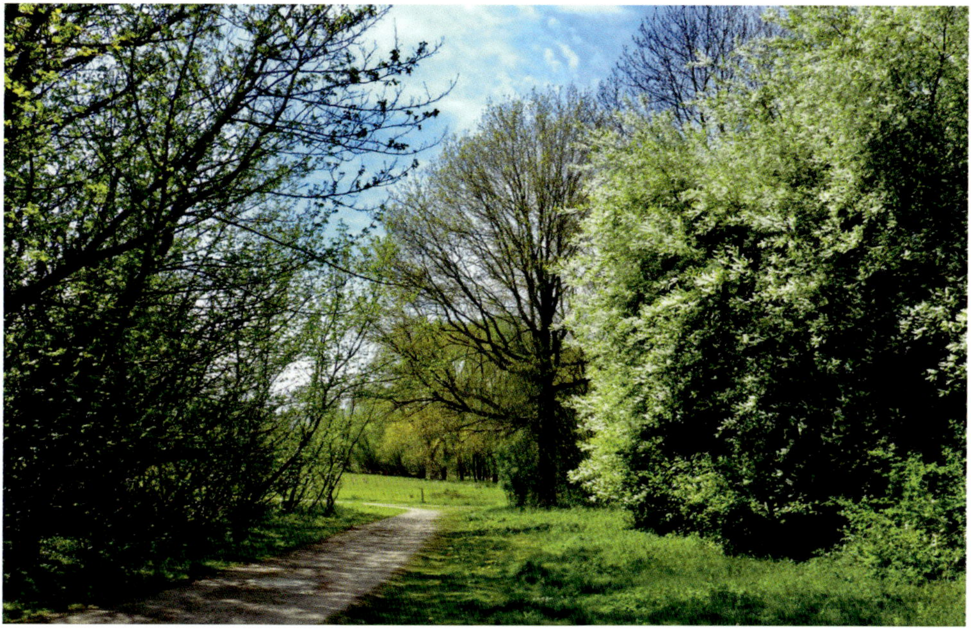

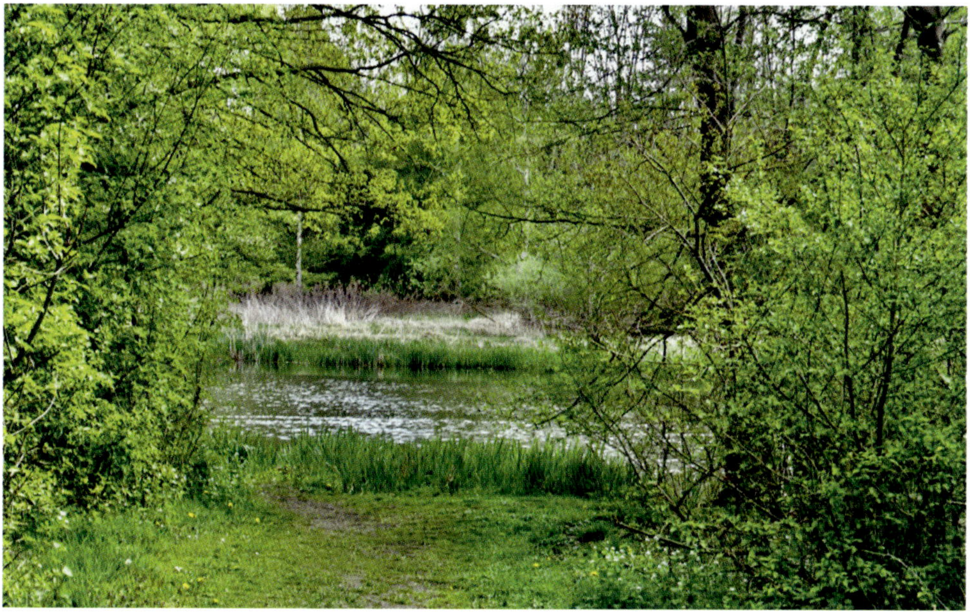

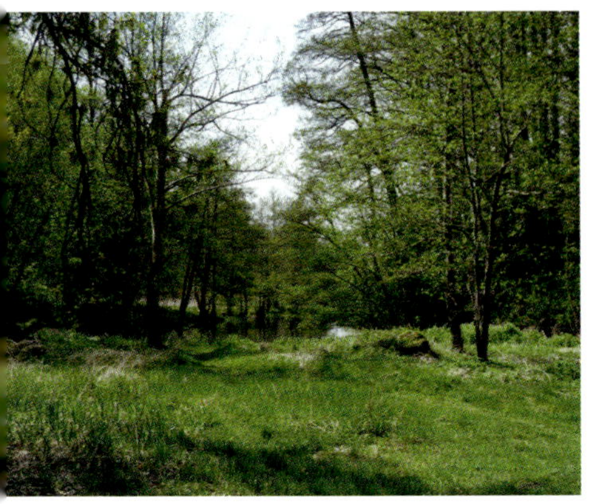

Der heutige Park liegt in einer Senke zwischen zwei Anhöhen und zieht sich in Nord-Süd-Richtung bis zur Kleingartenanlage Sibeliusstraße. Entwässert wird die Senke durch den Flutgraben, der dann als Struckbach nordöstlich bis zur Trave fließt und dabei früher drei Mühlen betrieben hat.

Ein Wanderweg parallel zum Flutgraben durchzieht die gesamte Grünanlage. Westlich wird eine runde Wiesenfläche von Weiden umstanden und birgt einen Weiher. Ein weiterer Weg umrundet diese Fläche und hat einen Zugang zur Dornbreite. Östlich durchfließt der Flutgraben einen größeren, langgestreckten Teich, der von dichtem Gehölz umstanden wird. Die weitere Fläche, eine Feuchtwiese mit Staudenfluren, dient auch als Weideland, ehe das Kleingartengelände beginnt.

25. Bürgerpark Vorwerk

Triftstraße/Vorwerker Straße, Haltestelle: Vorwerker Diakonie, Buslinien: 3,8,10

Das triangelförmige Gelände zwischen der Vorwerker Straße und der alten sowie der neuen Triftstraße ist an der Westseite z.T. überbaut, u.a. durch das Kinderhaus Barbara. Die Nordspitze wird von einem Reitplatz und dem dazugehörigen Reitstall genutzt. Südlich schließt sich eine etwa quadratische Rasenfläche mit einem Rundweg an. Im Norden befindet sich eine Baumgruppe, im südlichen Teil ein Garten mit einheimischen Wildkräutern, dessen Sandwege zugleich ein Labyrinth bilden. Der südöstliche Teil des Parks, der etwa zwei Drittel der Gesamtfläche bildet, wird durch

Bäume und Buschwerk geprägt, die sich um einen langgezogenen Teich gruppieren, der einen verwunschenen Eindruck hinterläßt. Ein Wanderweg zieht sich von der Reithalle um den Teich herum bis an die Südseite des Kinderhauses Barabara und trifft so wieder auf die alte Triftstraße. Zudem umrundet der Schienenstrang einer Kleinbahn das Parkgelände.

Auf dem Gelände befindet sich ein sogenannter Trullo, ein Rundhaus mit einem Steindach in Kraggewölbe und einem symbolischen Schlußstein. 1991 ließ Engelbert Kremser den Bau aus roten Klinkersteinen aufmauern und nannte ihn „Tanzender Trullo."

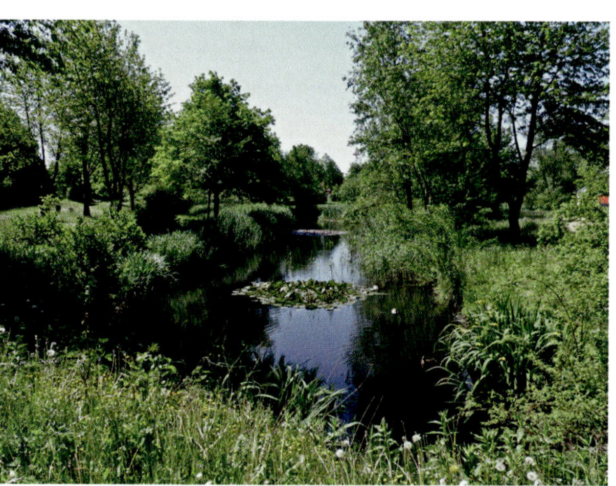

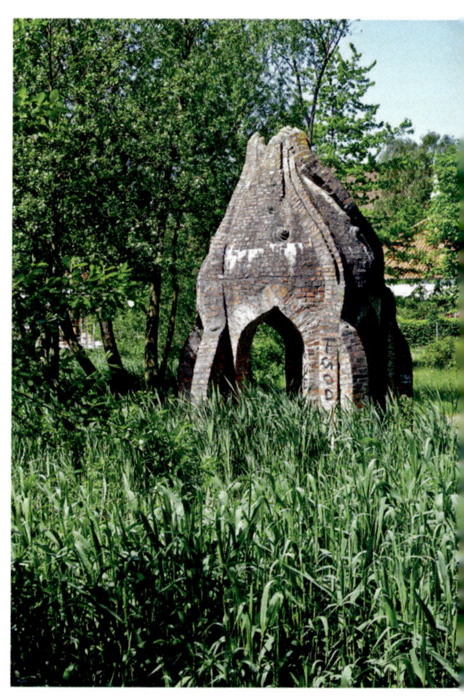

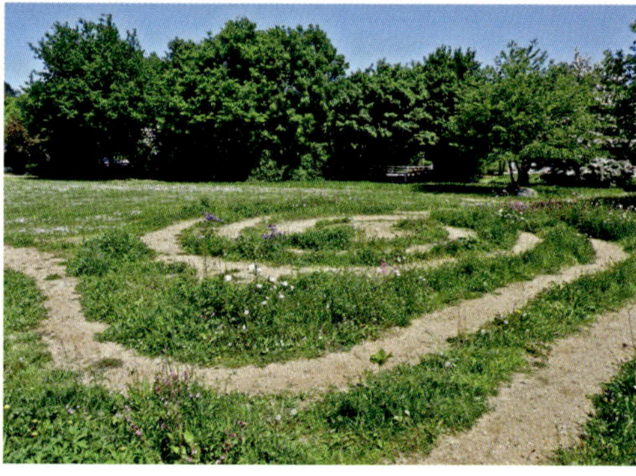

Der Landgraben: Lübecks grüne Grenze

Ursprünglich endete das Lübecker Gebiet im Westen an der Trave, doch gelang es dem Rat bald, das Hoheitsgebiet der Stadt ins Vorland auszudehnen, dank des Reichsfreiheitsbriefes durch Kaiser Friedrich II. von 1226. Aber vorsichtig, wie die Kaufleute waren, erwarben sie das Gebiet zusätzlich noch einmal von den Holsteiner Grafen gegen gutes Geld. An der Grenze wurde durch mehrere miteinander verbundene Bäche ein Grabensystem geschaffen, teilweise durch Wälle mit dichten Dornenhecken zusätzlich gesichert. Das hätte ein feindliches Heer am Eindringen kaum gehindert, wohl aber Viehdiebe, die eine Rinderherde so nicht mehr ins Holsteinische treiben konnten. Außerdem wurden Reisende und Händler gezwungen, die wenigen bewachten Zoll- und Kontrollstellen zu passieren. Noch heute ist der Landgraben Grenze des Stadtkreises, aber zugleich in großen Teilen eine schmale grüne Oase mit einem Wanderweg.

26. Der Naturerlebnisraum Landgraben

zwischen Krempelsdorfer Allee und Vorwerker Str.,
Haltestellen: im Süden: Reinsbeker Straße, Linie 9,
im Norden: Sereetzer Weg, Linien 3,7,8

Zwischen Fackenburger Allee und dem Tremser Teich haben die Stadt Lübeck und die Gemeinde Stockelsdorf auf beiden Seiten des teilweise tief eingeschnittenen Landgrabens einen Grünstreifen von 25 Hektar mit einem durchgehenden Rad- und Wanderweg geschaffen. Er soll bewußt als Naturerlebnisraum dazu einladen, auch außerhalb des Weges die Natur zu erkunden. Auf Bäume klettern, Bäche aufstauen oder im Ufermatsch spielen ist Kindern und Jugendlichen ausdrücklich erlaubt. Hier und da sind es kleine Gehölze und baumbestandene Hänge, dann wieder dichtes Buschwerk oder eine freie Wiesenfläche, die die Wandernden empfangen. Vereinzelt begegnen sie auch Spielgeräten aus Naturmaterial.

Nördlich der Vorwerker Straße weitet sich der Raum zu einem durch trockene, sandige Standorte charakterisierten Bereich, der „Schafweide." Neben einer gehölzartenreichen und unterschiedlich dichten Aufforstung finden sich lichte, offene Bereiche, auf denen Magerrasenarten vorkommen.

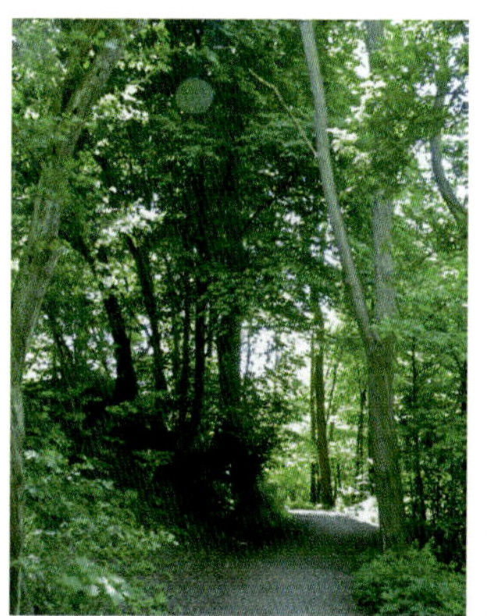

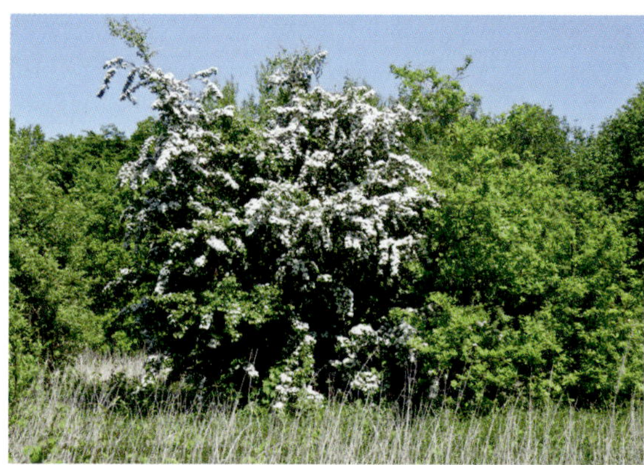

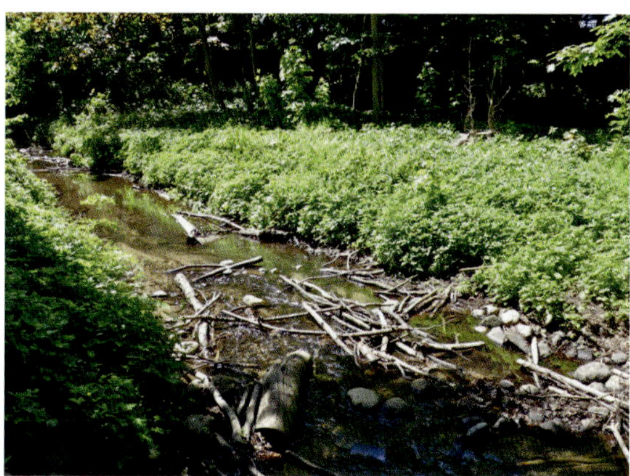

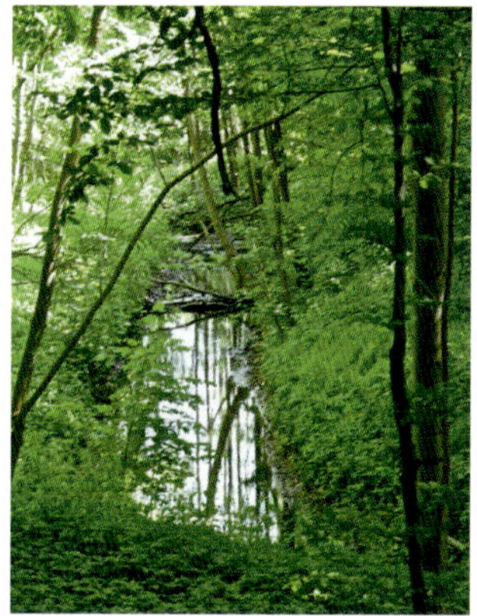

27. Das Landschaftsschutzgebiet Tremser Teich

Schwartauer Landstraße, Haltestelle: Tremser Teich, Buslinien: 1,10

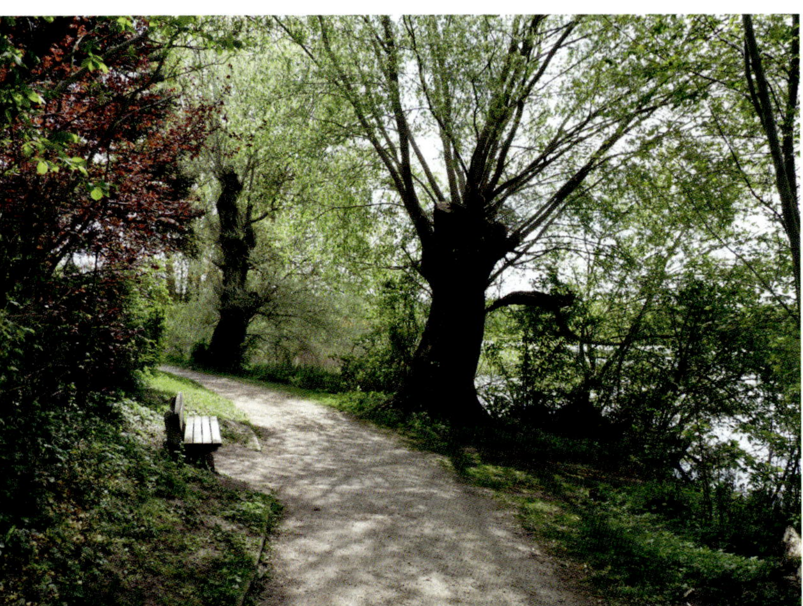

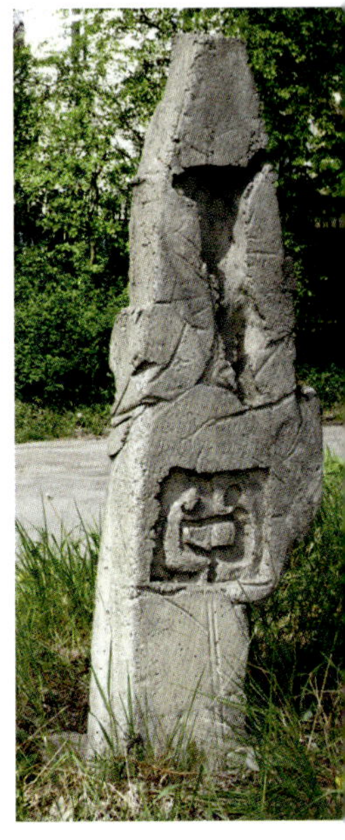

Direkt an der Stadtgrenze zu Bad Schwartau und im nördlichen Zipfel von der Bundesautobahn zerschnitten, finden wir die ausgedehnte Wasserfläche (ca. 13 ha) des Tremser Teiches. Er mißt etwa 500 zu 250 Meter bei einer Uferlänge von 1.730 Metern und ist im 14. Jahrhundert als Mühlen- und Fischteich entstanden, der sein Wasser von der Clever Au und dem Landgraben erhält. Erstmals 1177 erwähnt, gehört die Mühle seit 1308 samt Staurecht der Stadt, die sie einschließlich einer Kruggerechtigkeit am Weg von Lübeck nach Rensefeld verpachtet hatte.

Neben einer großflächigen Schwimmblattvegetation ist der Teich im Randbereich von Röhricht und Hochstaudenbeständen umgeben. Landeinwärts finden sich Gehölze und Gebüsch sowie offene Flächen. Der ge-

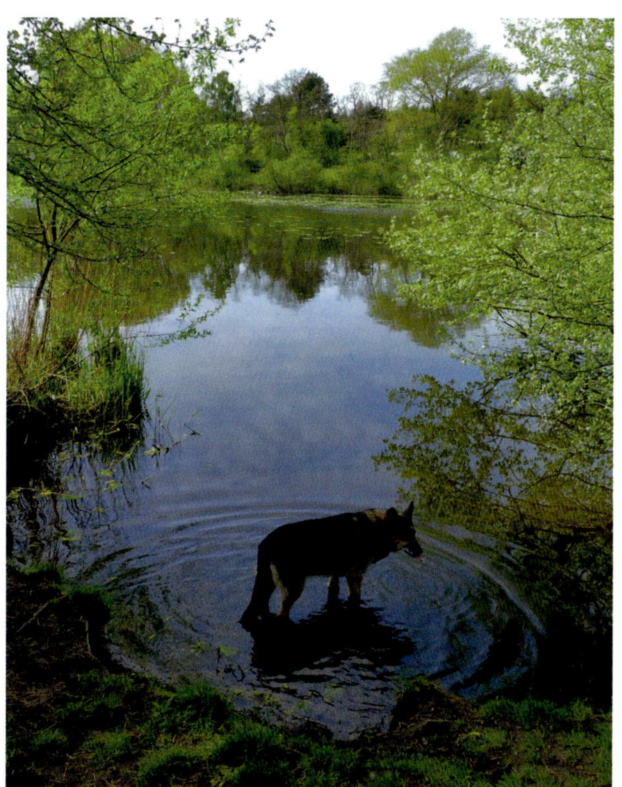
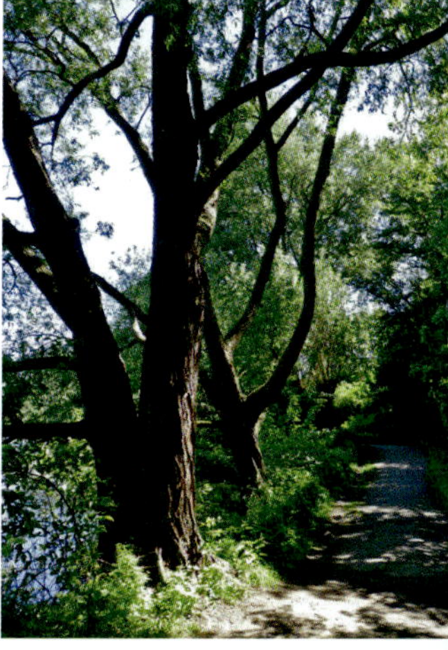
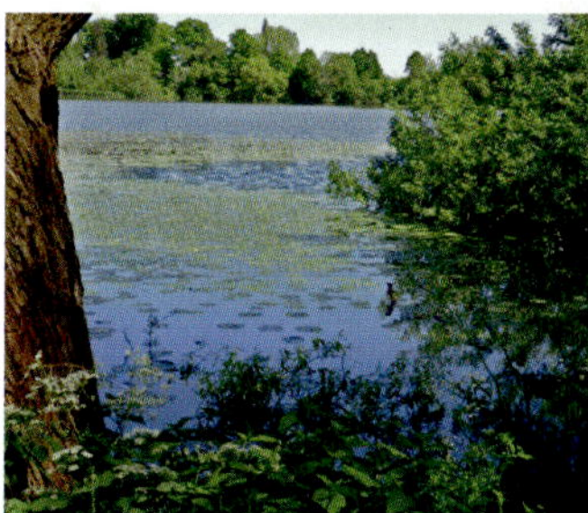

samte Teich wird von einem Wanderweg umrundet, der auch Ruhezonen aufweist und mehrere Zugänge von den umliegenden Wohngebieten hat. Die naturbelassenen Uferrandzonen sind Landschaftsschutzgebiet.

Nach Norden ist der Teich durch die Autobahn und die Zufahrten der Anschlußstelle Bad Schwartau geteilt. Dort grenzen die Ufer direkt an den Kreis Ostholstein. Der ca. 1 km lange Mühlenbach entwässert den Teich zu einem Altarm der Trave hin. An der Schwartauer Landstraße erinnert eine weitere Gedenkstätte an den Todesmarsch der KZ-Häftlinge im April 1945: Eine freistehende Stele ist aus Beton mit eingelassenen Tonplatten und Tonfiguren gestaltet. Es ist nach der Stele am Burgfeld die zweite auf Lübecker Gebiet, weitere folgen nach Norden bis nach Neustadt/Holstein.

Die Innenstadt: Grüne Inseln zwischen Backstein

Mittelalter und frühe Neuzeit ließen die Bevölkerungszahl Lübecks ständig ansteigen, ohne daß die Fläche auf der Stadtinsel wachsen konnte. So ist auch die Hansestadt in ihrem Zentrum eng bebaut, die tiefen Grundstücke wurden durch zahlreiche Wohngänge erschlossen. Es gab also nur wenig freie Räume – die als Friedhof genutzten Areale rings um die fünf großen Kirchen etwa. Dennoch finden sich in der Innenstadt einige grüne Oasen, besonders um den Dom herum, der als Teil des Hochstifts nicht der Jurisdiktion des bürgerlichen Rates unterstand und so seine Domherrenkurien bis ins 19. Jahrhundert bewahren konnte. Aber auch einige Patrizier verstanden es, ihre Gärten zu erhalten. Es lohnt sich also, auch die City nach Grünanlagen zu durchforschen.

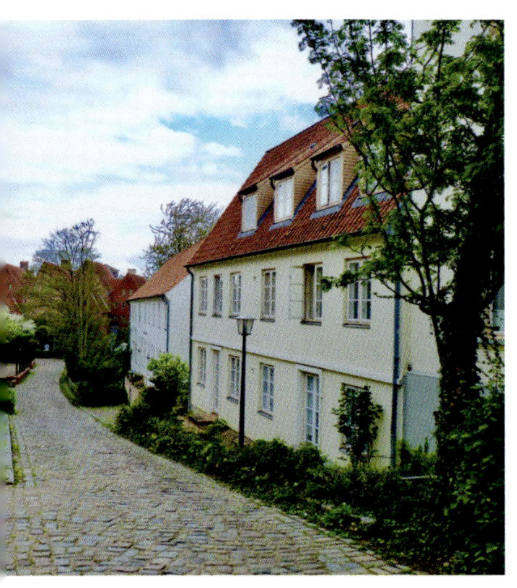

28. Der Pockenhof

Kleine Burgstraße 20,
Haltstellen: Koberg/Breite Straße,
Linien: 4,10,11,12, 30,31,32,39,40

Neben dem Kranenkonvent, 1283 von Willekus Crane für einen Beginenkonvent gestiftet, lag seit 1268 eine Niederlassung des Deutschen Ritterordens. Als 1760 das Siechenhaus zwischen den Burgtoren neuen Befestigungsanlagen weichen mußte, verlegte es der Rat auf dieses

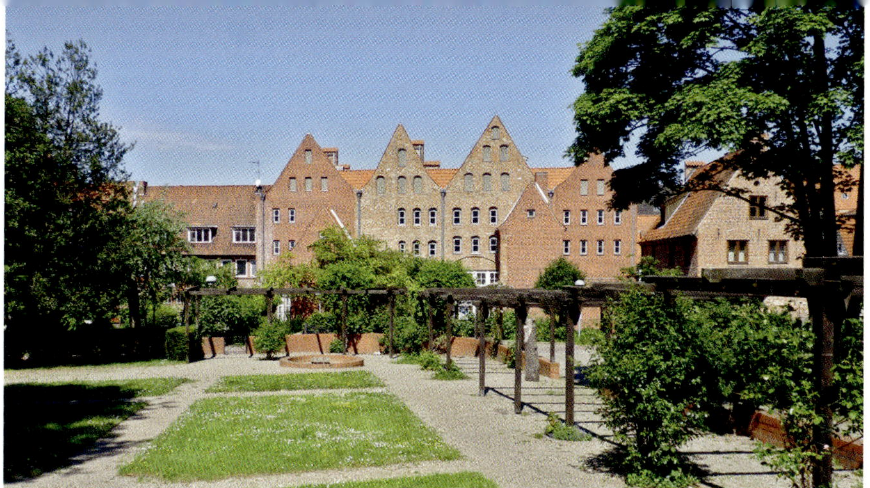

Grundstück. Das Vorderhaus diente als Lager, im rückwärtigen Flügelbau wurden die Kranken untergebracht. Über längere Zeit stark vernachlässigt, stürzte der Vorderbau 1806 ein und wurde abgetragen. 1988 wurde das Grundstück entkernt und zu einem Parkgelände umgewandelt. Die Ganghäuser waren bereits 1985 saniert und für Wohnzwecke hergerichtet worden. Der Zugang zum Engelswisch (anstelle des abgebrochenen Pockenhofgangs) wurde zwar wiederhergestellt, bleibt aber verschlossen.

Das an der Straße nur ca. 20 m breite Grundstück erstreckt sich über etwa 100 Meter hangabwärts nach Westen. Der obere Teil besteht nur aus einer gepflasterten Zufahrt. Durch Abbruch von Nebengebäuden ist links ein leerer Platz entstanden, der für Fahrradständer der Ernestinenschule genutzt wird. Rechts vor dem Seitenflügel Kleine Burgstraße 18a führt ein durch einen Pflanzstreifen getrennter abgetreppter Zuweg zu den Ganghäusern. Im unteren Teil liegen zur rechten Hand hinter einem schmalen Grünstreifen mit Buschgruppen die zweigeschossigen Ganghäuser des Pockenhofs, gegenüber befindet sich zunächst ein Nebengebäude. Es folgt eine Freifläche, die auch das hintere Grundstück Kleine Burgstraße 22 umfaßt: Durch eine niedrige, ebenfalls abgetreppte Mauer getrennt, ist mit der Sanierung eine Rasenfläche angelegt worden. Eine Pergola schirmt sie ab, sich kreuzende Wege gliedern sie. Im unteren Teil ist ein kreisförmiger Brunnen angedeutet. Vorbild für diese 1988 geschaffene Neuanlage war die streng formale Gestaltung des 19. Jahrhunderts.

29. Die Bürgergärten

Königstraße 1-11/ Koberg 8, Haltestellen: Koberg / Breite Straße, Linien: 4,10,11,12,30,31,32,39,40

[Zugang zu den Bürgergärten über Koberg 8; Zugang zu den Skulpturengärten nur in Zusammenhang mit einem Museumsbesuch Behnhaus/ Drägerhaus]

In der frühen Neuzeit wurde die obere Königstraße zu einer bevorzugten Wohnlage für die lübischen Patrizierfamilien. Hier reichten die Grundstücke weit nach Osten, dienten nicht wie in früheren Zeiten den geschäftlichen Bedürfnissen der Großkaufleute, sondern boten nun Platz für Gartenanlagen. Die Giebelhäuser zeigen zwar klassizistische Fassaden, ihre Substanz jedoch ist weitgehend noch gotisch bis frühneuzeitlich. Einige Häuser wurden um 1800 aus zwei Gebäuden zusammengelegt. 1981 wurden die beiden Bürgergärten und der Skulpturengarten des Museums zwar miteinander verbunden, der Zugang blieb jedoch getrennt.

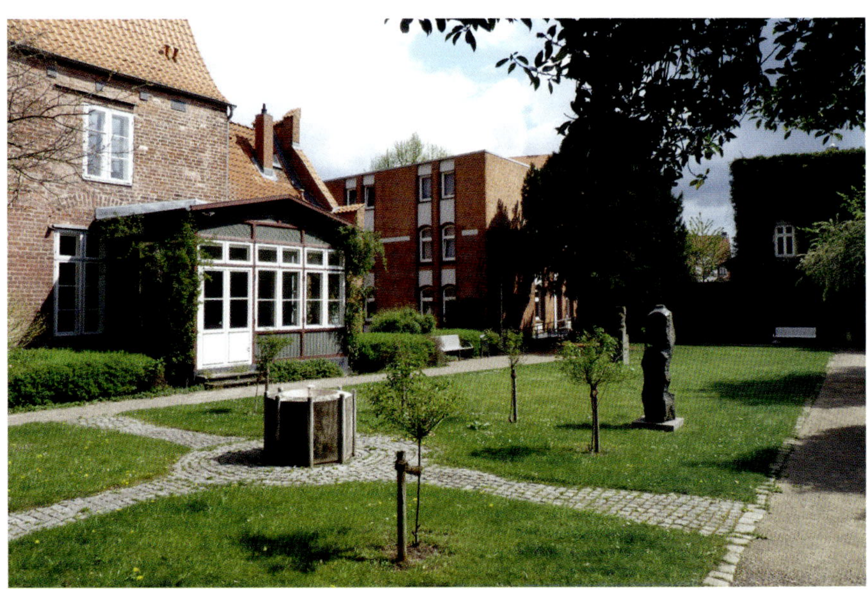

Zu den ersten Gärten gelangt man am Geibeldenkmal vorbei über das Grundstück des Heiligen Geist-Hospitals. Der in Lübeck geborene Emanuel Geibel (1815-1884) war ein spätromantischer deutscher Dichter und ist Ehrenbürger der Stadt. Neben dem Verwalterhaus von 1418 betritt man durch eine Pforte den ***Rosengarten*** neben dem Haus. Er wurde in Anlehnung an Klostergärten gestaltet: In der Mitte des weiten Rasenfeldes steht ein Brunnen, umstanden von Rosenstöcken. Bänke in der Hecke vor dem Verwalterhaus laden zum Betrachten der beiden Steinskulpturen ein, die den Rasenplatz schmücken.

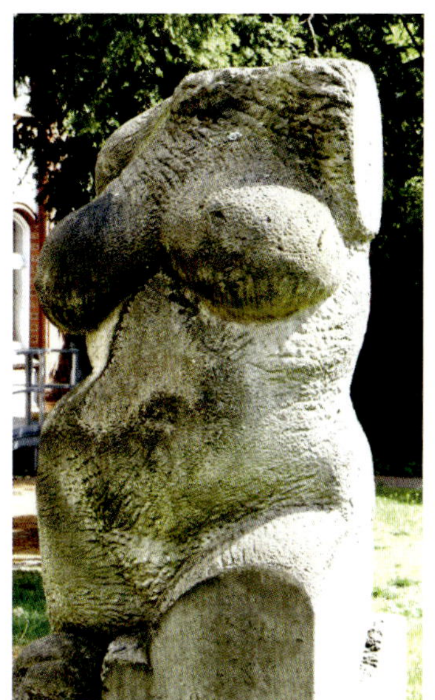

Christa Bäumgärtel schuf 1983 aus Sandstein den in prallen weiblichen Formen gestalteten Torso *„Eva“*, an den Seiten angeschnitten und mit sichtbar gelassenen Bearbeitungsspuren. Dabei wird auf die biblische Gestalt der Eva angespielt: Zur Seite liegt ihr ein Apfel, wie verschämt verbirgt sie einen zweiten, bereits angebissenen, in der auf dem Rücken gehaltenen Hand. Die zweite Plastik, von Wolf Bröll 1992 aus Diabas gefertigt, trägt den Namen *„Torso“*, eine nur wenig angedeutete menschliche Gestalt, ein Fragment wie aus vergangenen Zeiten.

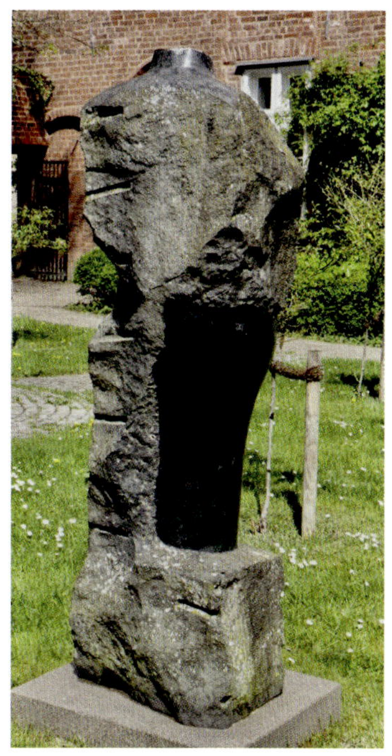

Eine zweite Pforte führt zum ***Garten Königstraße 5***, dem Haus der „Gemeinnützigen“ – genauer: „Gesellschaft zur

Beförderung gemeinnütziger Tätigkeit," 1789 gegründet und seit 1891 Eigentümerin des Gebäudes. Dessen nördlicher Seitenflügel blieb erhalten, südlich wurde ein klassizistischer Saalbau angefügt. Vom hochgelegenen schmalen Hof dazwischen führt eine Freitreppe zunächst auf eine Terrasse. Zwei Doppelsäulen mit korinthischen Kapitellen tragen eine Pergola, die die Stufen einer weiteren Treppe flankieren, die dann in den Garten hinabführt. Dieser ist im klassizistischen Stil angelegt und trägt die Handschrift prominenter Gartenarchitekten. Ein flacher Wasserlauf folgt der Seite der Rasenfläche und dem Weg, der nördlich von einer Pergola begrenzt wird, unter der Sitzbänke einladen. Alter und neugepflanzter Baumbestand beschatten den Garten.

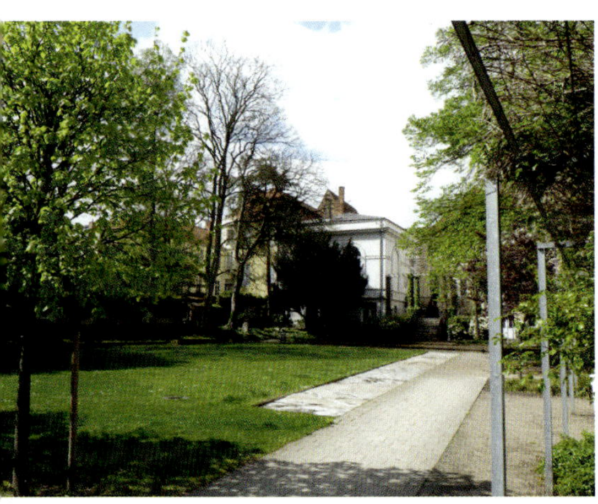

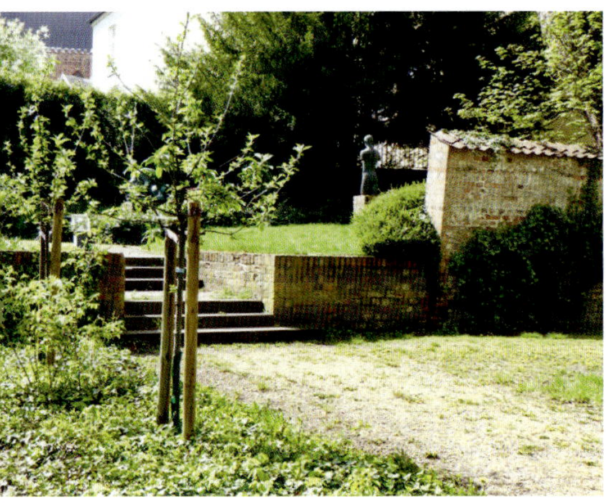

Im Efeu an der Treppe zum nächsten Grundstück eine abstrakte Skulptur: Zwei auf einem Sockel verankerte Granitblöcke berühren sich zunächst, um sich dann im oberen Drittel zu trennen und nach außen zu biegen. 1983 hat Peter Lei dieses Werk unter dem Namen *„Gewachsene Form"* geschaffen. Für die Knabenkantorei, die den Garten nach Osten abschließt, gestaltete Marianne Brand 1970 zwei Terrakottafiguren, den *„Flötenspieler"* und den *„Lauschenden"*, und zeigt so die beiden Seiten der Musik, die produktive und die aufnehmende.

Eine kleine Treppe führt in den ***Drägerhaus-Garten*** hinauf. Das

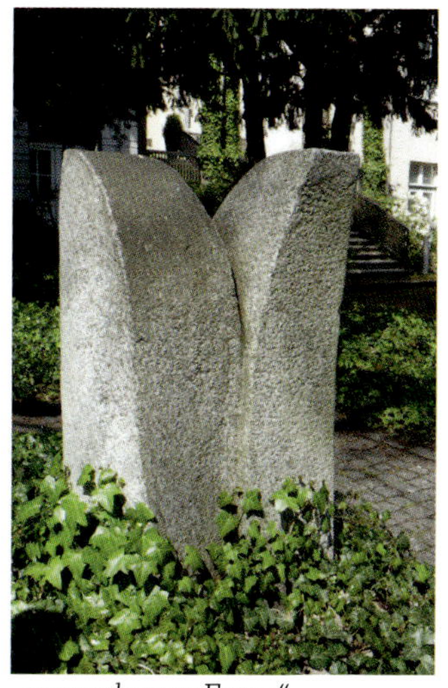

„gewachsene Form"

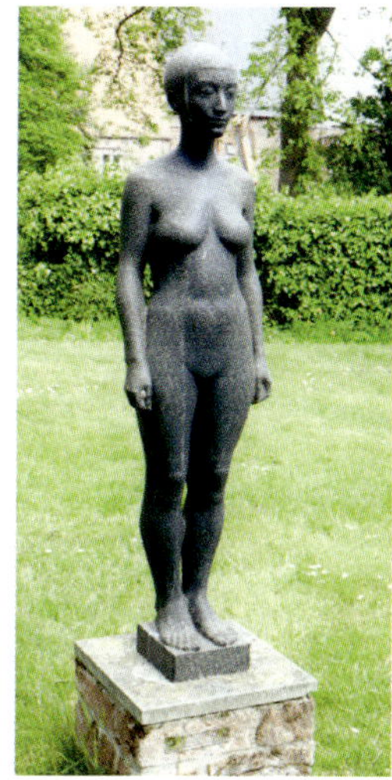

„weibliche Figur"

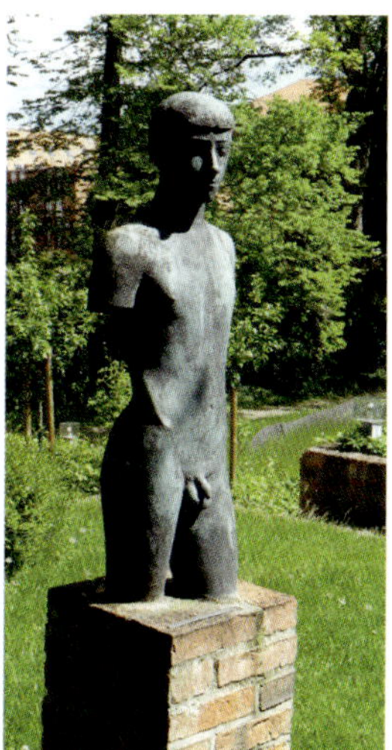

„Jüngling-Torso"

schmale Grundstück, größtenteils eine Rasenfläche, wird an beiden Seiten von efeuberankten Backsteinmauern eingefaßt. Auch hier befindet sich ein Zeugnis zeitgenössischer Kunst. Der Norweger Brod Breivik hat 1983 eine mehrteilige Basalt-Skulptur, die er *„fallen shadow"* nennt, geschaffen: Sie besteht aus einer einseitig glattgeschliffenen Stele, vor der sich – ähnlich einem Schatten, ein länglicher Basaltkörper im Gras erstreckt. Abseits liegt eine weitere Basaltformation mit messerscharfer Spitze.

Der letzte Garten gehört zum Behnhaus, Königstr. 11. Er ist 1930 von Harry Maasz als ***Skulpturengarten*** gestaltet worden, als im gleichen Jahr die Overbeck-Gesellschaft einen eigenen Ausstellungspavillon, errichtet im Stil der neuen Sachlichkeit, am Ende des Grundstücks erhielt. Fünf Werke sind dort zu sehen: Fritz Behn hat eine ganze Reihe von expressiven Tierplastiken geschaffen, von denen sich einige auch in Lübeck finden (die beiden Löwen an der Burgtorbrücke, die Antilope am Holstentorplatz und der Panther im Schulgarten) Hier fand (als Leihgabe) der *„fauchende Leopard"* seinen Platz. 1932 in Bronze gegossen, hat Behn ihn mit erhobener Pranke und weit geöffnetem Maul dargestellt, als würde er sich gerade auf seine Beute stürzen.

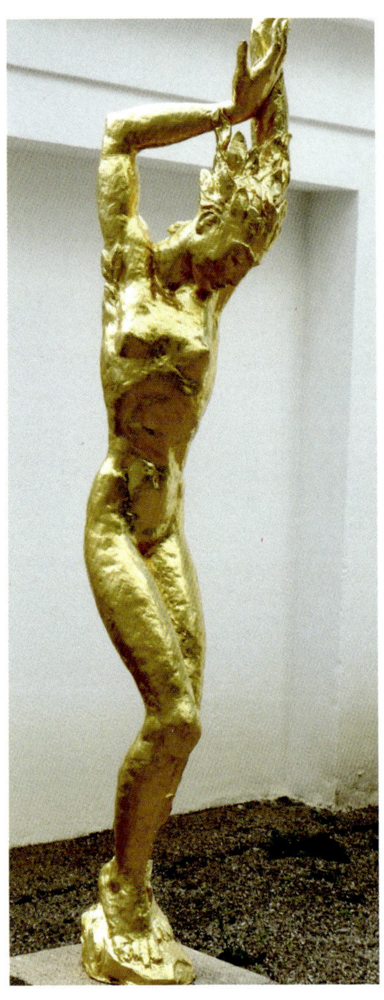

Die anderen Plastiken stellen Menschen dar: Von dem Schweizer Bildhauer Karl Geiser eine weibliche Bronzefigur (1941-43), die er *„Italienerin"* genannt hat. (Auch von diesem Künstler gibt es ein zweites Werk in Lübeck: die Mädchengruppe im Peter-Rehder-Park am Burgfeld).

Eine weitere Bronzefigur ist der Jünglingstorso von Hans Wimmer. Er hat die Figur 1951 ursprünglich vollständig als *„Stehenden Jüngling"* geschaffen, um ihr dann bewußt Arme und Beine zu rauben. Dadurch entstand ähnlich den antiken Funden eine eigenständige torsierte Darstellung.

1971 schuf Klaus Kütemeier die *„stehende weibliche Figur"* aus schwarzem Granit, in strengen Formen ruhig schreitend und doch in sich ruhend – angeregt durch altägyptische Plastiken. Das genaue Gegenteil ist die wohl bekannteste Plastik im Behnhausgarten: Die 1930 entstandene *„Daphne"* von Renée Sintenis in vergoldeter Bronze. Ihre schlanke Gestalt ist in emotionaler Bewegung erstarrt mit hochgereckten Armen und auffliegenden Haaren.

Der griechische Mythos weiß von einer Verwandlung der Nymphe in einen Lorbeerbaum zu berichten, mit der sie sich der Nachstellung des Gottes Apoll entzog, und genau diesen Moment hat die Künstlerin festgehalten.

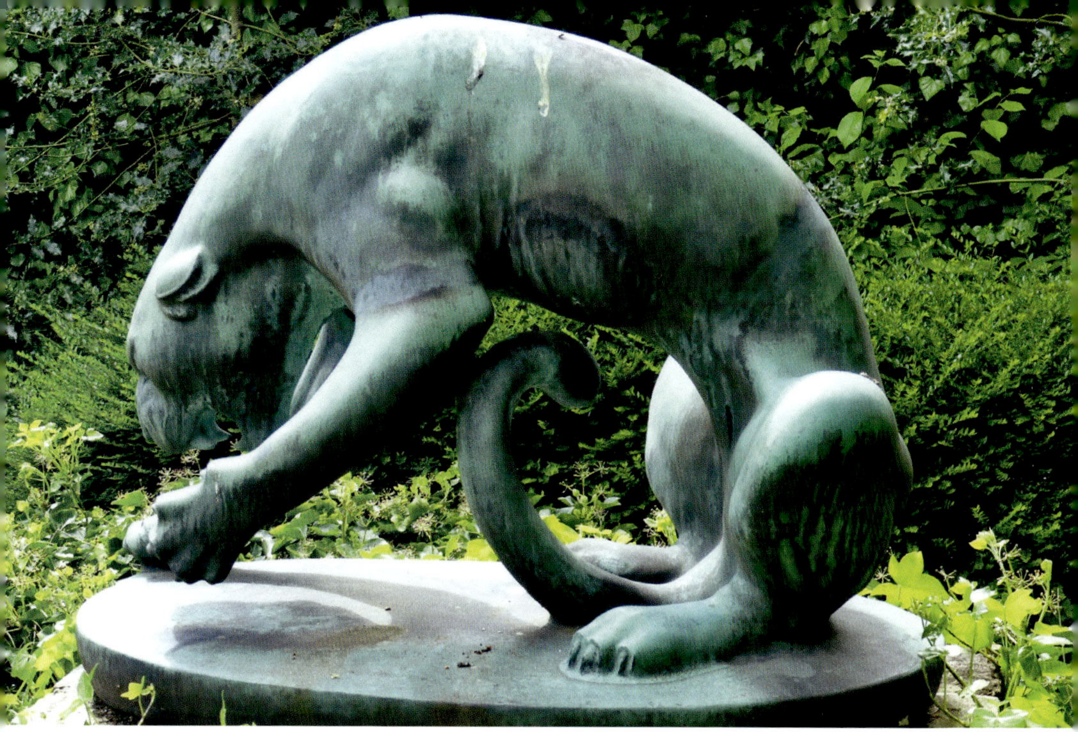

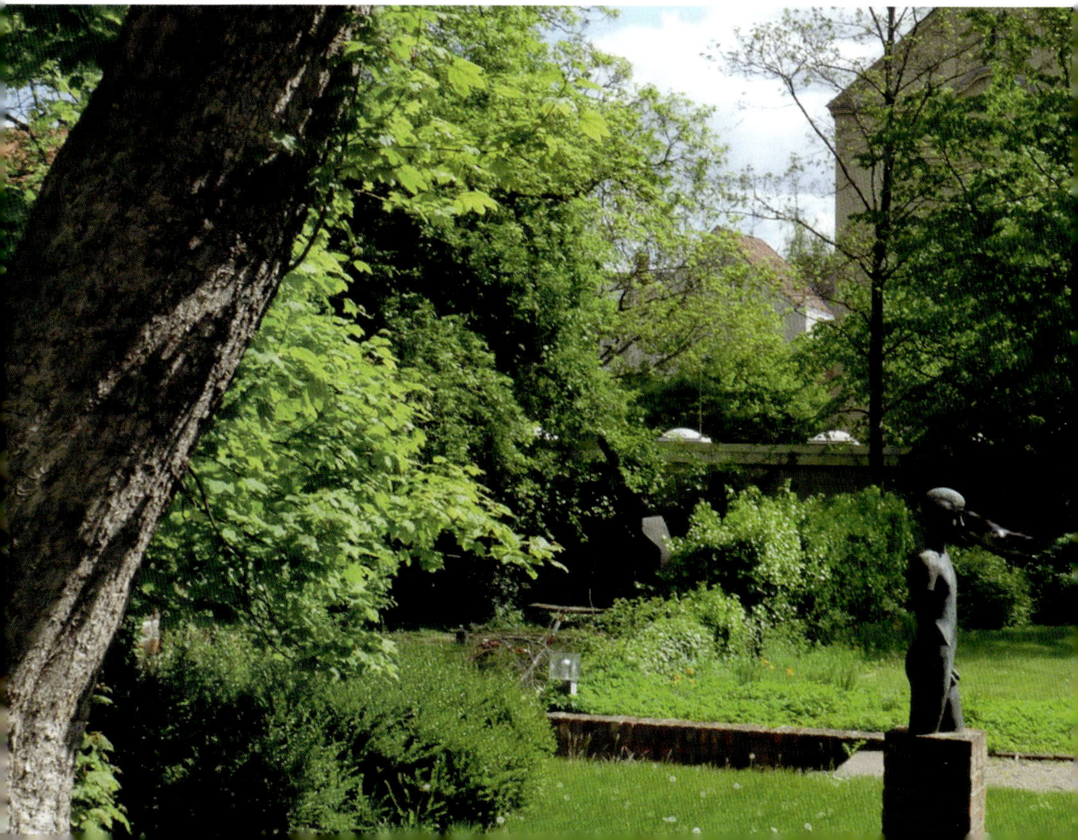

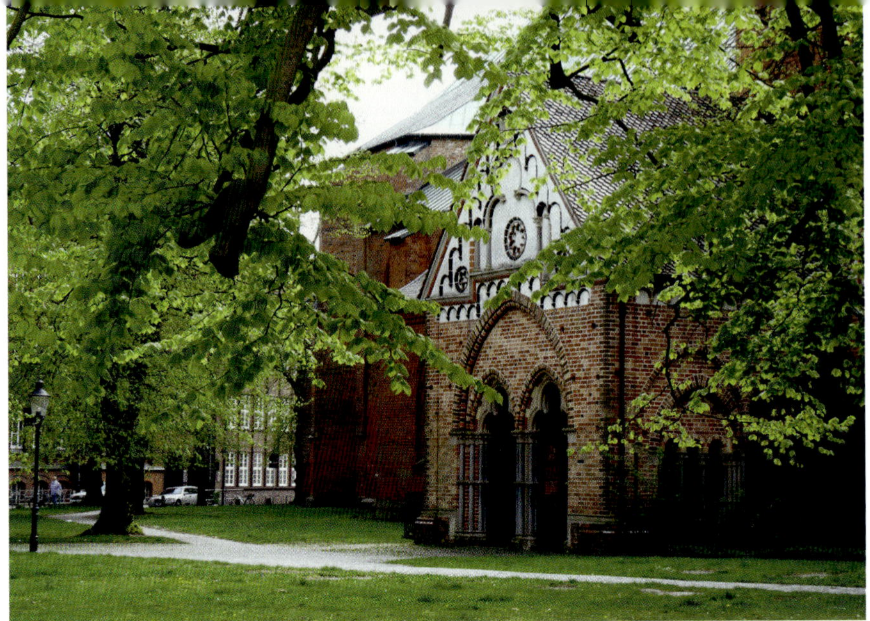

30. Der Domkirchhof

Haltestelle: Fegefeuer, Buslinien: 1,2,4,6,7,9,15,16

Der Domhof besteht bereits seit dem 12. Jahrhundert. Er gehörte ebenso wie die umliegenden Domherrenkurien und der Bischofshof zur Domfreiheit, unterstand also noch bis 1806 der bischöflichen Rechtsprechung. Am nordöstlichen Rand lag der Hof des Bischofs. Heute steht dort die Oberschule zum Dom. Das freie Gelände rings um den Dom diente bis 1832 als Friedhof der Domgemeinde. Ein spätromanischer Vorbau, das sogenannte Paradies, bot hier einen Zutritt zum Dom.

Heute erstreckt sich eine Rasenfläche zwischen dem Zeughaus im Westen und der Musterbahn im Südosten mit unregelmäßigem altem Baumbestand. Im Nordwesten befindet sich die Lutherbuche. Zur Erinnerung an das 700jährige Domjubiläum 1873 erhielt Lübeck einen Ableger der Lutherbuche aus Steinbach in Thüringen, der auf dem Domkirchhof eingepflanzt wurde. Im August 2019 brach ein großer Ast ab, so daß der Baum radikal beschnitten werden mußte.

Ganz in der Nähe befindet sich der Braunschweiger Löwe: Er ist ein Abguß des Originals von 1166 in Braunschweig, aufgestellt zu Ehren des Sachsenherzogs Heinrich, genannt der Löwe, aus dem Geschlecht der Welfen († 1195). Heinrich gründete 1159 Lübeck zum zweiten Mal und stiftete den Dom (Grundsteinlegung in Anwesenheit Heinrichs: 1173).

Zwei weitere Kunstwerke stammen von Jan Koblasa (1932-2017): *„Domtürme"* nannte er die Steinplasik von 1983. Ein mittig geteilter Stein, dessen Stücke an die Domtürme erinnern sollen. Beide Teile sind versetzt, mit den Schnittkanten nach außen. Die organischen Außenkanten bilden so die innere Spalte. Weitere Interpretation des Künstlers selbst: „Die strukturierte Fläche bildet eine Zeichnung von Flügeln, die in der Mitte eine abwesende (gespürte) oder vielleicht verlorene Figur bilden. Die Vorderseite hat einen Wellenfall, der ganze Stein soll die Vielfalt der Natur evozieren."

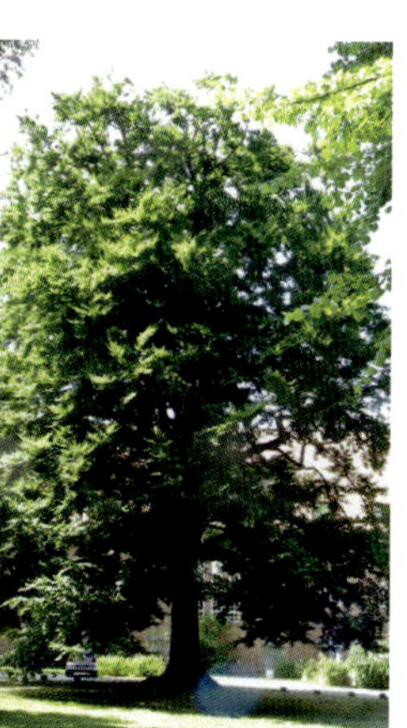
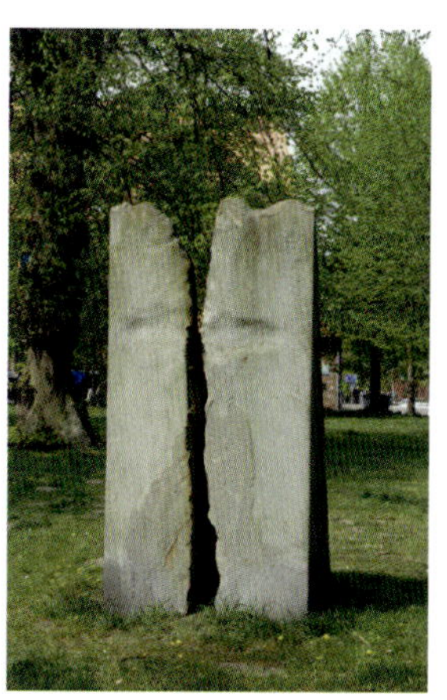
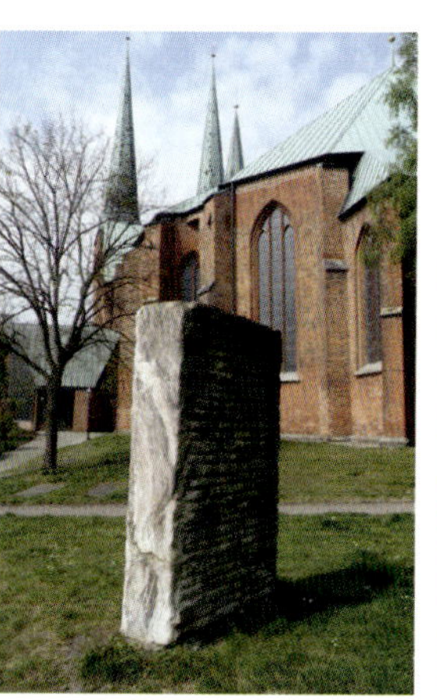
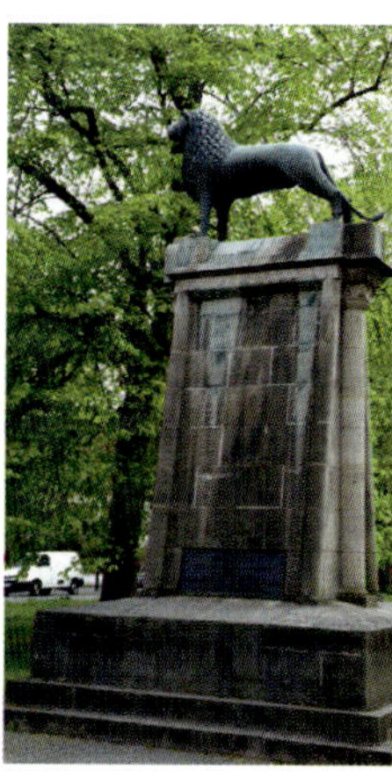

„Arabella" wurde 1983 geschaffen, eine Skulptur vor dem Chor als massiver hochrechteckiger Block in weiß-rötlich-schwarzer Marmorierung, die die verfugte Backsteinfassade des Domes aufnehmen soll. Zum Domchor hin poliert, ist die Rückseite durch Rillen strukturiert in Anlehnung an die Struktur der Backsteinmauern. Form und Größe sollen an die Grabplatten im Dom erinnern.

31. Der große Bauhof

Haltestelle: Fegefeuer, Buslinien: 1,2,4,6,7,9,15,16

Das Gelände westlich des Domes war im Besitz der Stadt und nahm den Bauhof ein. Dabei war der nördliche Teil - also unsere Grünanlage - als Lager- und Bearbeitungsplatz für Bauholz gedacht und trug u.a. den Namen „Sägekuhle". Die geschätzt 1.750 m² sind eigentlich nur eine Rasenfläche mit einem Fußweg quer hindurch, die Fläche nördlich davon wird als Kinderspielplatz genutzt. Einerseits dienen die Ränder als Pkw-Parkplätze, andererseits stehen dort und zum Teil auf dem Gelände selbst stattliche Bäume.

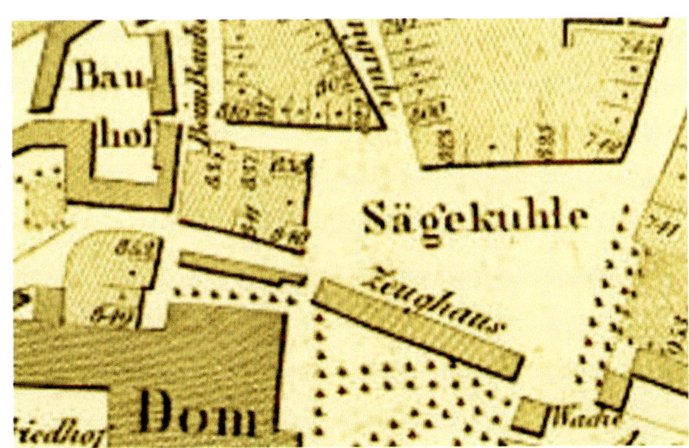

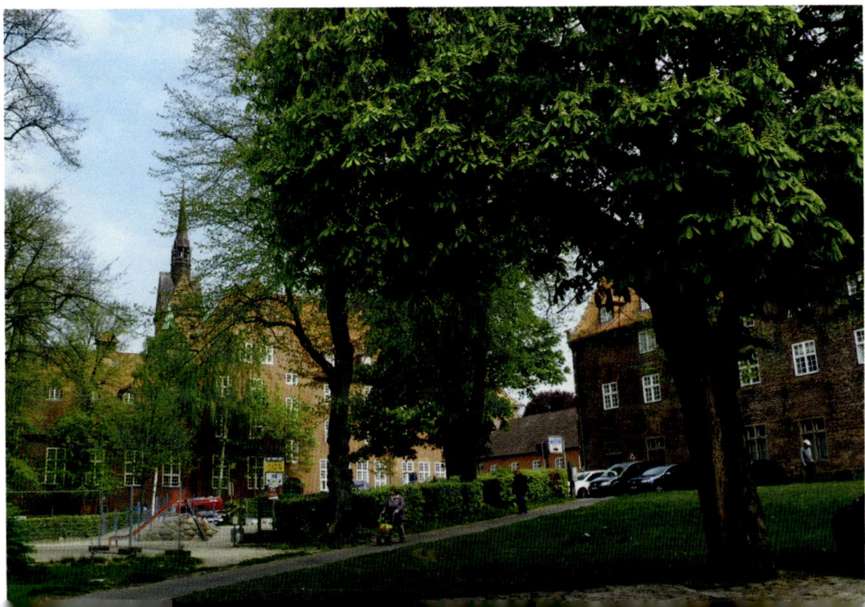

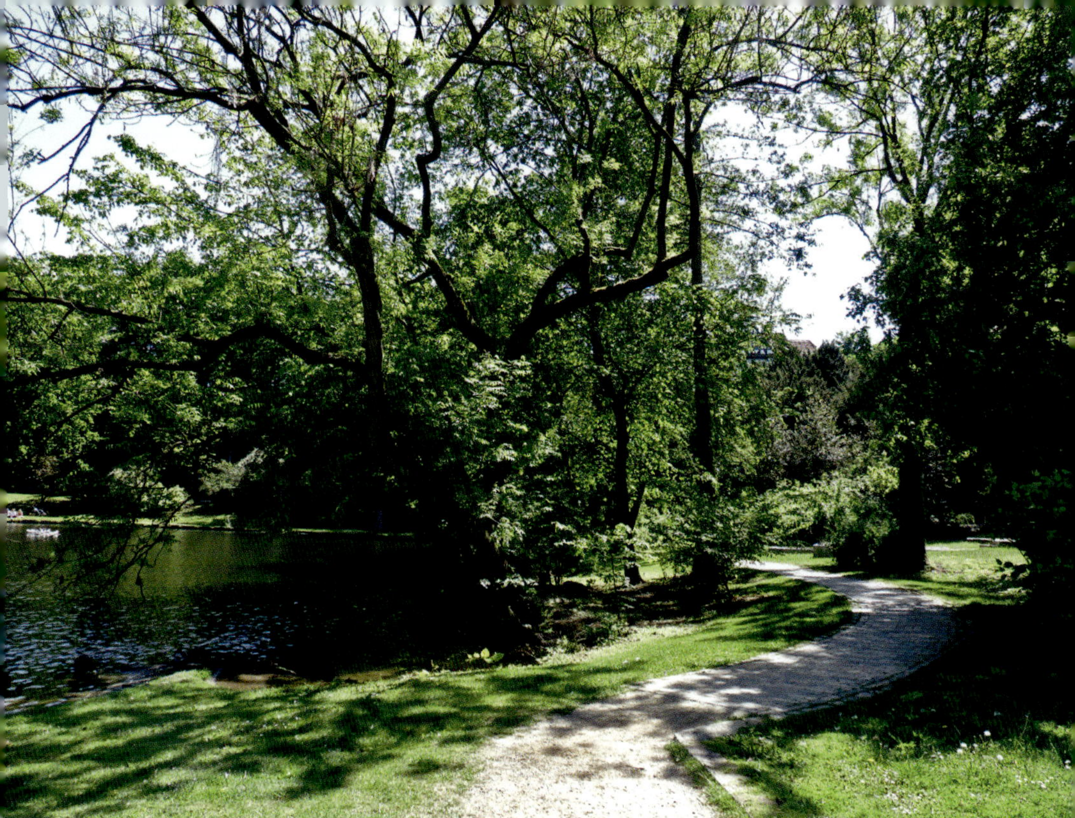

32. Der von Lütgendorff-Park

Mühlendamm/Musterbahn, Haltestelle: Fegefeuer, Buslinien: 1,2,4,6,7,9,15,16

1289 verlegte die Stadt die Kornmühle vom Mühlentor hierher an den Wakenitzausfluß, der durch einen Damm zum Mühlenteich aufgestaut wurde. Um 1500 existierten am Mühlendamm sieben Mühlen mit damals noch vier Fleeten, darunter auch eine Pulver- und eine Walkmühle. Südlich des Doms lagen das Hospital und der Kreuzgang des Doms, der dann in den neugotischen Neubau des Museums einbezogen wurde. Das Ufergelände wurde zum Teil gärtnerisch genutzt, war dann vor dem Museum nur noch ein schmaler Streifen ohne Baumbewuchs. Erst

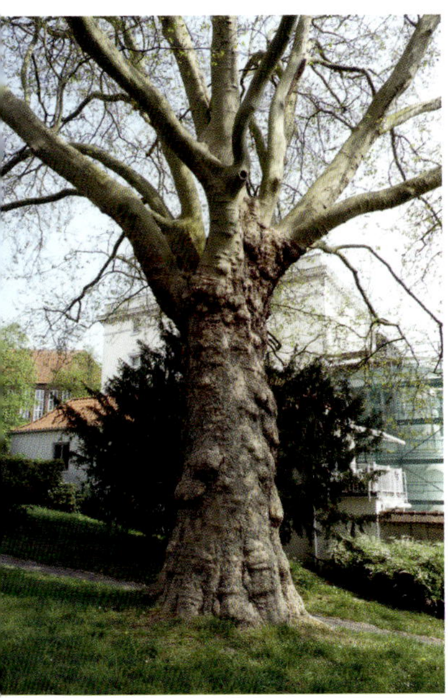

durch den Kanalbau sank der Wasserstand, so daß die Uferzone wesentlich breiter wurde. Zusammen mit den Wallanlagen an seiner Nordostseite bildet der Uferpark nun eine Einheit, ebenfalls geschaffen vom damaligen Stadtgärtner Langenbuch.

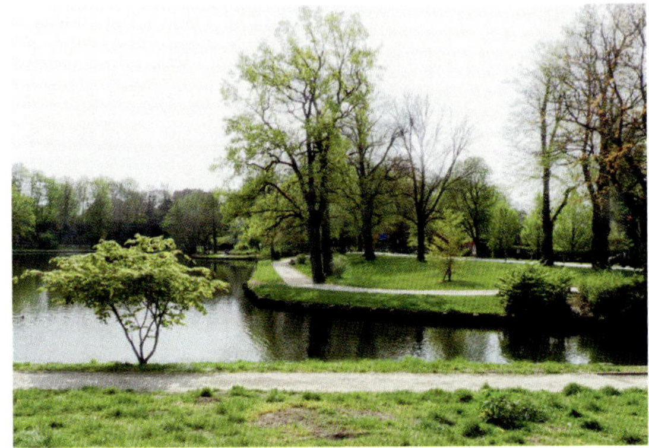

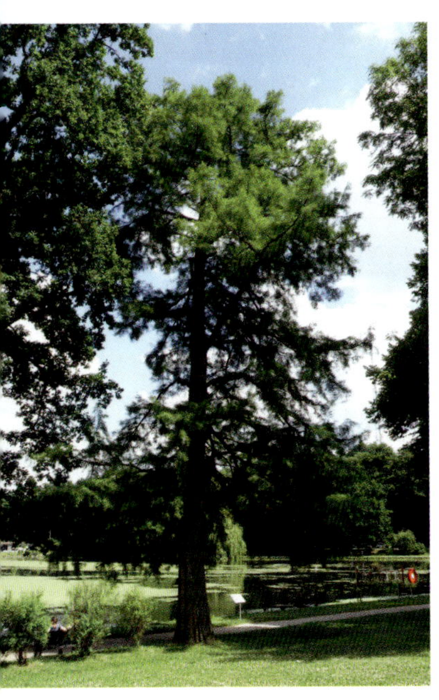

1938 erhielt die durchschnittlich nur 20 Meter breite Anlage entlang der Musterbahn und dem Mühlendamm den Namen „von Lütgendorff-Park", zur Erinnerung an den ersten Leiter des neuen Dommuseums, das damals noch die Gemälde- und Kunstsammlung der Stadt beherbergte. Gegenüber dem Museum führt ein Uferweg über einen Rasenhang, auf dem neun Bäume angesiedelt sind. Zwischen den beiden Mühlenzuflüssen, mit denen der Mühlenteich in die Trave entwässert, liegt ein zweiter baumbestandener Abschnitt. Zu den Wallanlagen hin sind auch zwei Sumpfzypressen zu finden sowie eine Schwarzerle auf dem Privatgrundstück Mühlendamm 7. An den Uferwegen stehen mehrere Sitzbänke.

Lübecks Südwesten

Das Landgebiet der freien Stadt Lübeck, wie hier das Holstenfeld, vielfach geschützt durch den Landgraben, diente in der Nähe als Weidefläche für das Vieh in den Ställen der Stadt. Die kleinen Bäche, die dort der Trave zuflossen, wurden für unterschiedliche Mühlen gestaut, an den Fernstraßen fanden sich Wirtshäuser mit Ausspann, und zunehmend hatten auch die Lübecker Ratsfamilien ihre Landgüter dort, wo einst Adelsburgen oder slawische Siedlungen lagen. Dazwischen war meist freies Feld. Dann siedelten sich erste Gärtnereien dort an, nach Aufhebung der Torsperre wuchsen Vorstädte immer weiter hinaus, mit der Dampfmaschine machten Industriebetriebe den traditionellen Ziegeleien Konkurrenz. Später kamen die Siedlungen mit ihren Häuschen mit Garten hinzu, und nach dem letzten Krieg die großen Trabantenstädte.

Auch vor dem Mühlentor gab es eine ähnliche Entwicklung, und sie endete mit der Planung des Hochschulstadtteils, bei dem man versuchte, die Fehlentwicklungen zu vermeiden, die in den 50er und 60er Jahren des 20. Jahrhunderts noch zu Problemstadtteilen geführt hatten. Dazu gehörte auch die Frage, welchen Anteil Grünflächen zwischen den Wohnblöcken und Hochhäusern haben sollen.

33. Die Grünanlagen im Roten Löwen

***über Luise-Albertz-Weg, Haltestelle: Roter Löwe, Buslinien:* 5,6,16**

Unter der Bezeichnung Knochenhauerwiese lag das Gelände südlich der Moislinger Allee lange weitgehend brach, die sumpfigen Wiesen am Ufer der Trave dienten gelegentlich dem Torfstich, ehe die Trave durch den Kanalbau reguliert und begradigt wurde und so ein festes Ufer mit Trei-

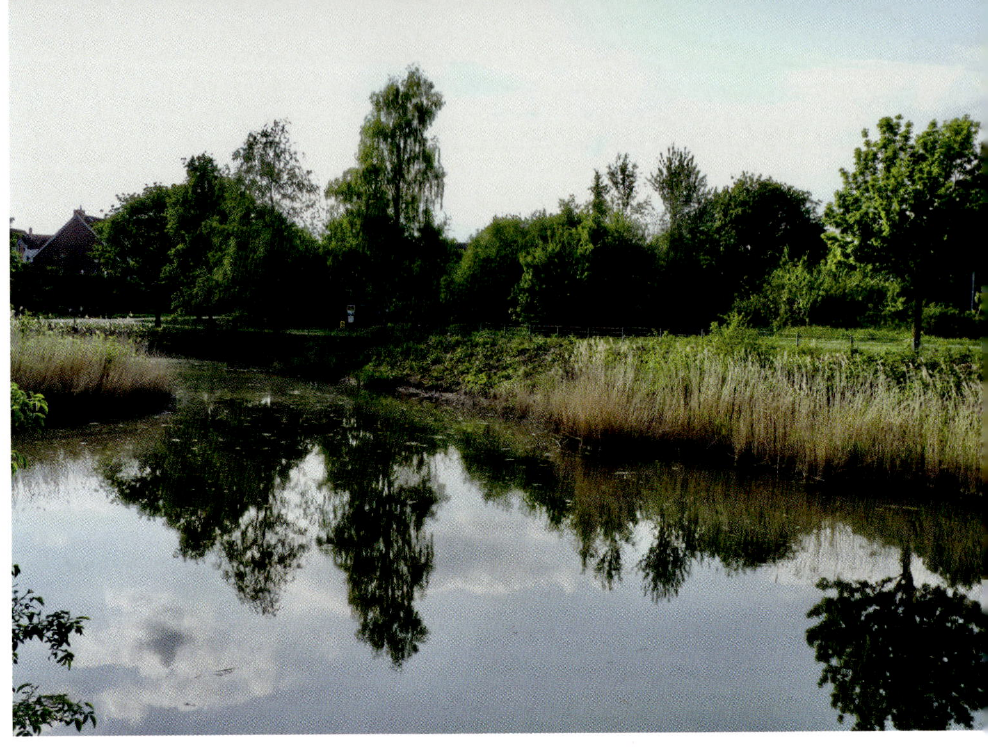

delweg erhielt. Die Siedlung mit Einzel- und Reihenhäusern wurde in den 1990er Jahren geplant und erhielt ihren Namen „Roter Löwe“ von einem früheren historischen Wirtshaus am Knick der Moislinger Allee. Dabei wurde die Senke zwischen zwei Moränenhügeln als kleines Naherholungsgebiet neu gestaltet.

Der Ringreiterweg zieht sich als Fahrweg bis zum Laubenweg hin und trennt die südlich zum Traveufer hin gelegenen Kleingärten von der Wohnsiedlung auf zwei steil abfallenden halbkreisförmigen Terrassen. Zwischen beiden liegt jene Senke, bewässert von einem inzwischen weitgehend verrohrten Bach, der hier allerdings auf kurzer Strecke unter dem westlichen Steilhang offenliegt und in einen größeren Teich mündet, der etwa ein Viertel der Senke ausfüllt.

Ein Kinderspielplatz sowie ein eingezäuntes Sportfeld nehmen ebenfalls einen größeren Platz ein. Beide sind von dichtem Buschwerk umgeben, in dem sich auch einzelne Bäume finden. Am See und auf dem freien Rasenfeld stehen vereinzelte alte Weiden, zur Zeit allerdings stark zurückgeschnitten. Im Teich eine kleine, mit Weidengebüsch bewachsene Insel. Eine Treppe führt vom Luise-Albertz-Weg in die Talsenke hinab und teilt sich dann in zwei Wanderwege: Der erste führt geradeaus weiter in die Wohnsiedlung am Berta-Wirthel-Ring, der zweite folgt dem Bachverlauf zum Ringreiterweg.

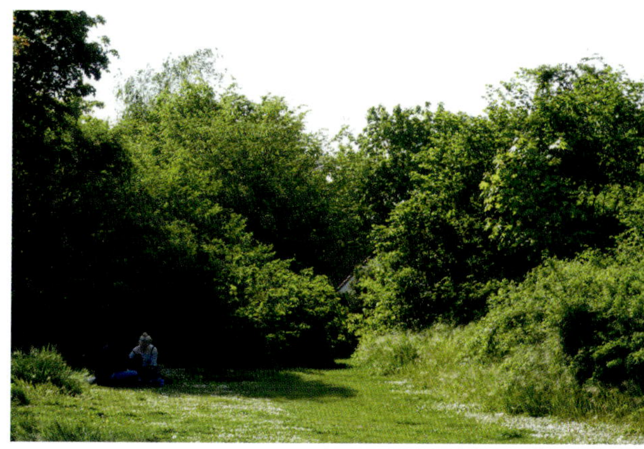

34. Stadtteilpark Wiesental

zwischen Koggenweg und Fregattenstraße, Haltestelle: Talweg, Buslinien: 5,6,16

Südöstlich der großen Stadtfreiheit, einer Gemeinweide, lagen zwei Güter: der Neuhof (früher auch „Vockenhof" genannt) und seine Zweigstelle, das später eigenständige Gut „Bunte Kuh". Beide waren mit einem gradlinigen Weg verbunden, der heutigen Ziegelstraße. Zu ihrer Feldmark gehörte das Gebiet südöstlich bis an die alte Straße nach Hamburg (heute Moislinger Allee). Einen Teil nutzte auch eine Ziegelei an eben dieser Straße. Alte Karten zeigen einen Bachverlauf vom Gut durch das heutige Wiesental bis zur Moislinger Allee und dann zur Trave hin. Dieses feuchte Wiesental blieb auch erhalten, als die damalige Wohnungsbaugesellschaft „Neue Heimat" das gesamte Gutsareal aufkaufte, den Gutshof abreißen ließ und auf dem Gelände einen neuen Stadtteil errichtete, der nach dem Gut ebenfalls „Buntekuh" genannt wurde.

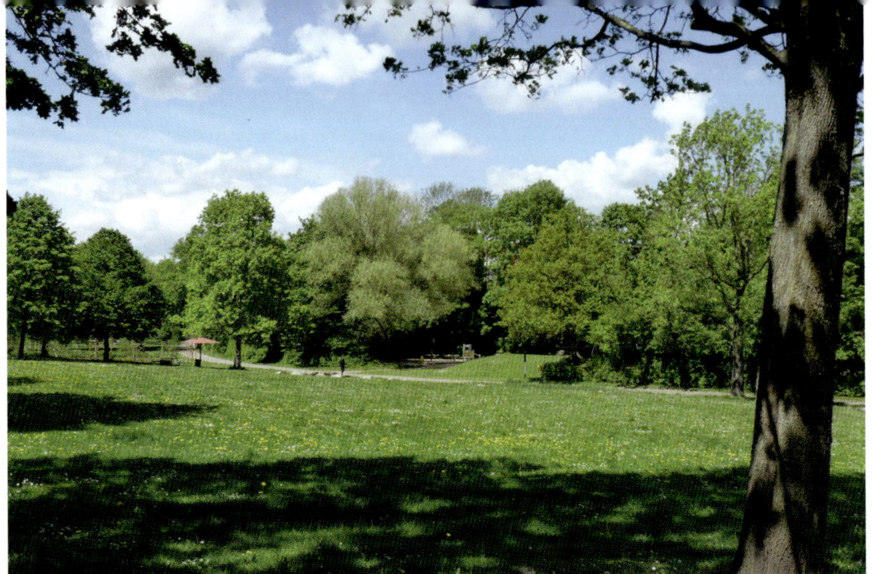

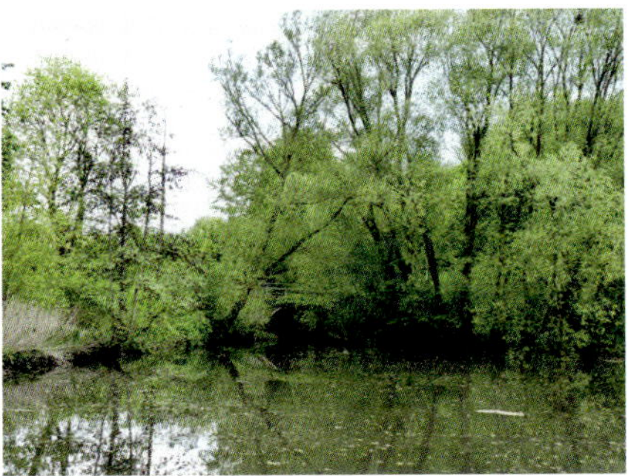

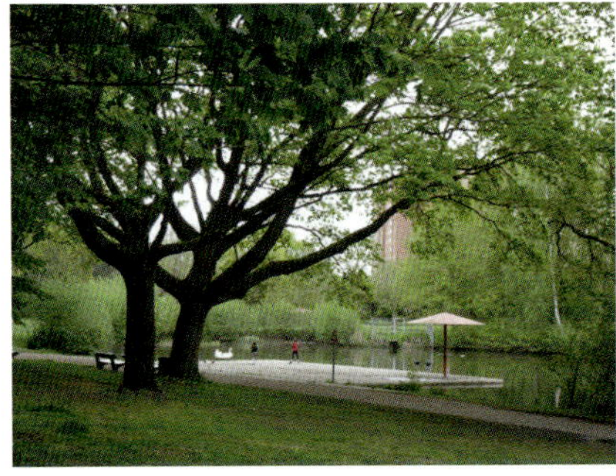

Das Bachtal war bereits bei der Planung des Stadtteils „Buntekuh“ als Grünstreifen und für Sportstätten ausgespart worden. Mit der Umgestaltung des Viertels wurden die Grünanlagen zwischen den Wohnblöcken ebenfalls kritisch überprüft und neu gestaltet, ab 2012 dann auch die Anlage „Wiesental“. Der Bach nordöstlich des Teiches wurde renaturiert, der Teich selbst, als Regenrückhaltebecken wichtig, wieder mit schilf- und baumbestandenen Ufern versehen. An der Nordseite erhielt er eine hölzerne Plattform als Aufenthaltszone, zu der eine Treppenanlage hinunterführt. Zum Konzept gehörten mehrere Sitzgruppen unter Schutzschirmen sowie großzügige Kinder- und Abenteuerspielplätze, durch hohes Buschwerk abgetrennt. Der vorhandene Baumbestand wurde durch Neupflanzungen ergänzt.

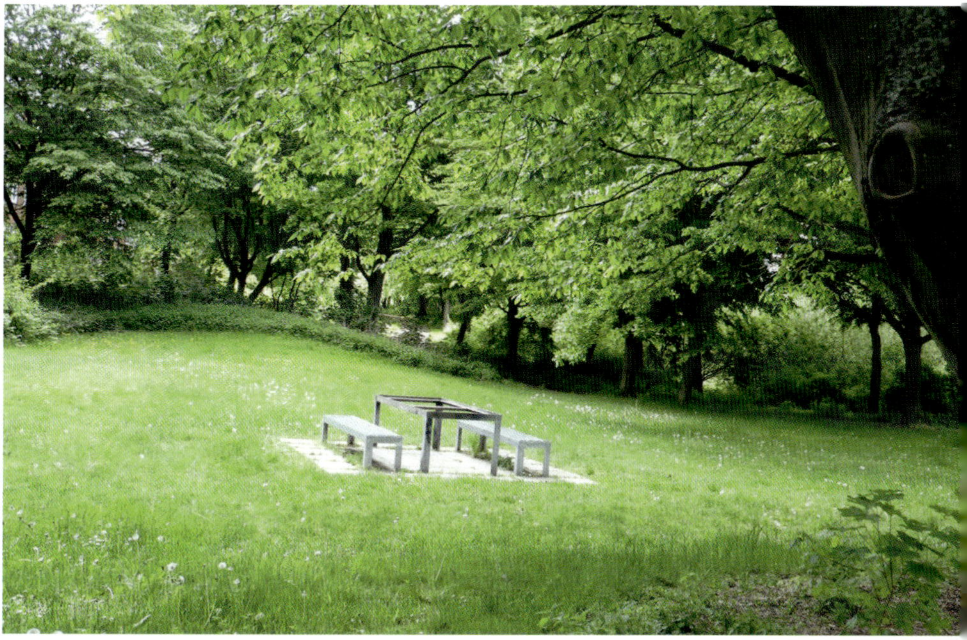

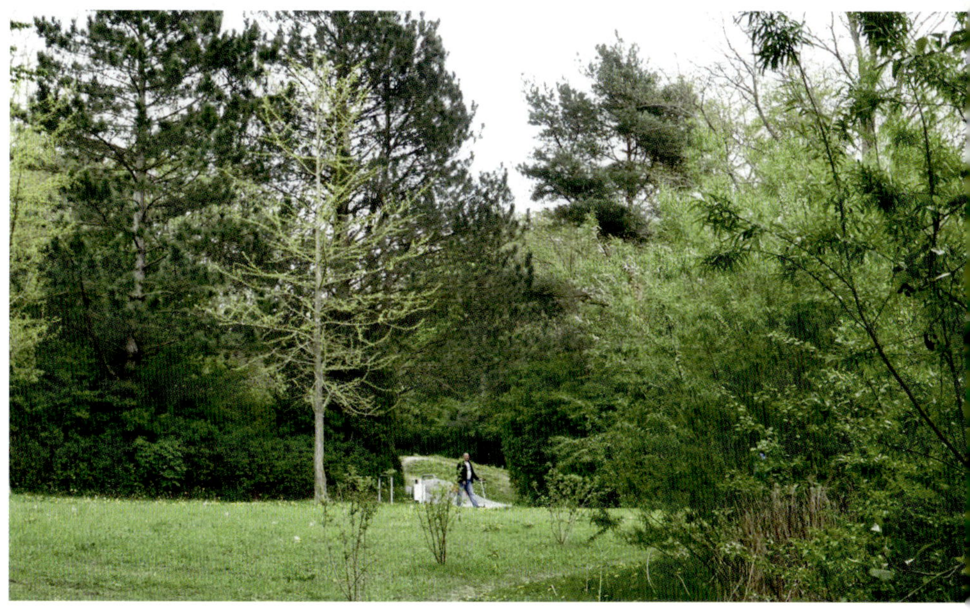

Das Wegenetz hat Zugänge vom Pinassenweg, Kutterweg, Fregattenstraße und Moislinger Allee. Es umrundet den großen Teich und umschließt den zentralen offenen Raum im ehemaligen Bachbett, der nicht nur eine Feuchtzone, sondern auch eine Sandkuhle mit vielen Felssteinen enthält. An mehreren Stellen sind Holzplastiken aufgestellt, die die unterschiedlichen Altersgruppen der Nutzer darstellen. Die Holzbildhauerin Rosa Treß hat sie 2012, teilweise in Zusammenarbeit mit Kindern, geschaffen. Im Park verteilt sind aufgestellt: ein alter Mann, eine Frau, die mit ihrem Hund spielt, zwei jugendliche Skatebordfahrer, zwei Rücken an Rücken stehende junge Leute. Einige dieser Plastiken sind bereits wohl wegen Vandalismus entfernt worden oder gestohlen.

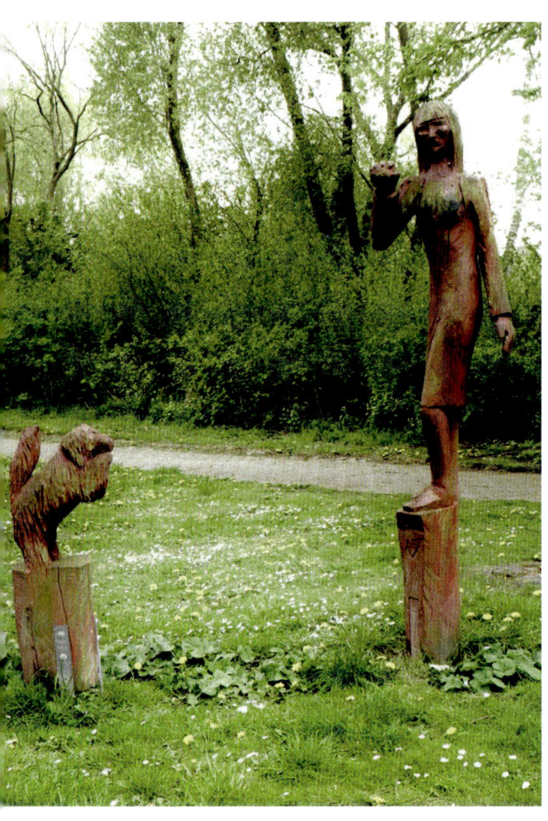

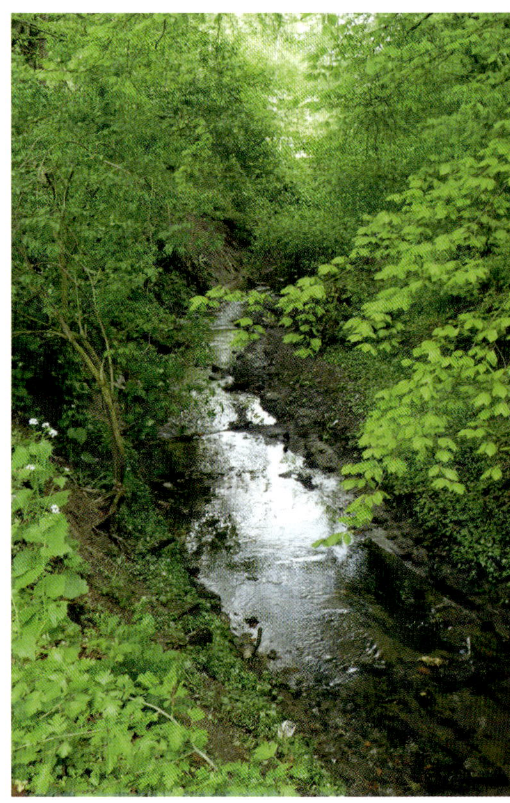

35. Der Berthold-Katz-Hain in Moisling

Niendorfer Straße/Am Dorfteich,
Haltestelle: Mühlenweg, Linie11,
Haltestelle: August-Bebel-Straße,
Linie 5,7,11,12

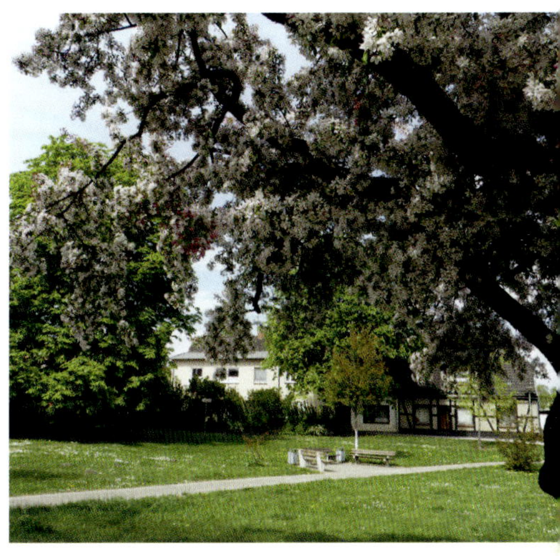

Moisling ist eines der vielen Gutsdörfer im Lübecker Umland. Da es zwar im Besitz Lübecker Patrizierfamilien war, aber außerhalb des lübischen Staatsgebietes auf holsteinischem Territorium lag, sind Gut und Dorf stets ein Streitfall für beide Parteien gewesen. 1656 wurde vom Gutsherrn Gotthard von Höveln aus dem Osten geflohenen Juden Wohnrecht in Moisling gewährt, 1721 erhält die jüdische Gemeinde erstmals eine kleine Synagoge und 1823 eine größere, die direkt neben dem Dorfteich steht. 1873 wird sie wieder abgerissen, erhalten bleibt der Friedhof, da er nach jüdischem Glauben bis zum jüngsten Gericht Eigentum der dort Bestatteten ist. Auf ihm wurde auch Berthold Katz beigesetzt, nach dem die Anlage benannt ist.

Katz, 1915 in Lübeck geboren, erlebte den wachsenden Terror der Naziherrschaft als Jugendlicher, 1938 kam er für vier Monate in sog. Schutzhaft, 1939 gelang die Ausreise nach Palästina. Trotz allem kehrte er 1950 nach Lübeck zurück und diente der Gemeinde lange Jahre als Kantor.

Wie schon der Straßenname verrät, befand sich hier bis Ende der 1960er Jahre der Moislinger Dorfteich, der dann zugeschüttet und begrünt wurde. An den Rändern hat sich ein Teil des Baumbewuchses erhalten, hinzu gekommen ist das Buschwerk darunter. Ein Weg führt quer hinüber, mit einer Sitzgruppe ausgestattet.

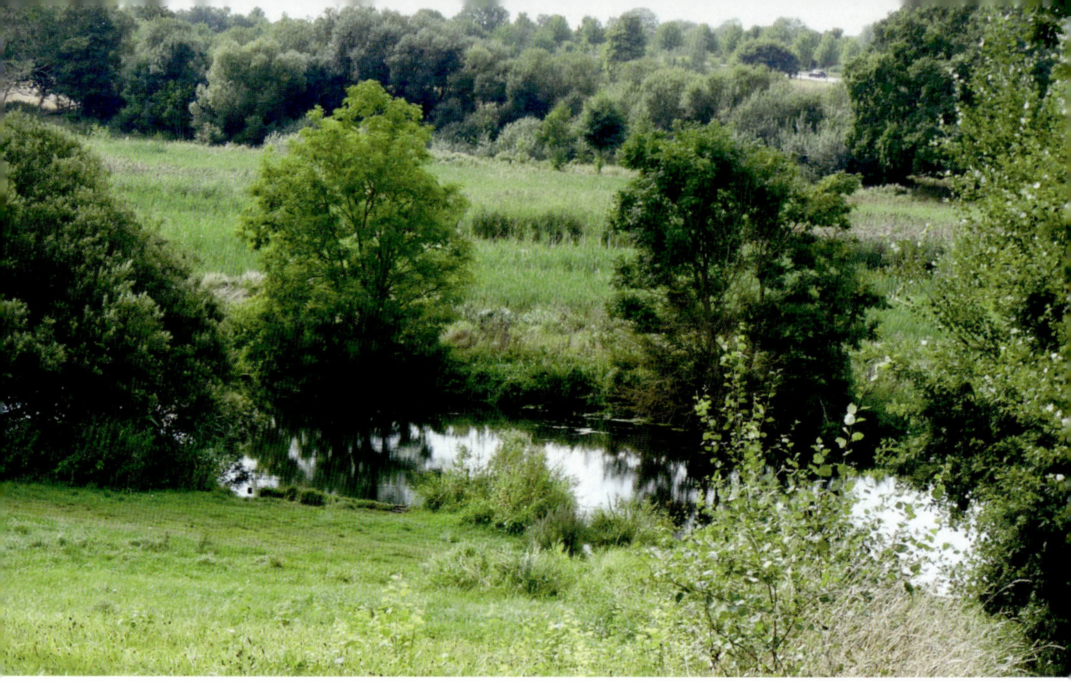

36. Naturerlebnisraum Moislinger Aue und Krähenwald

Zugang über Andersenring, Haltestelle: Andersenring, Buslinie: 7

In den 1960er Jahren wurde erstmals auch in Lübeck eine Trabantenstadt geplant und gebaut, die sich nördlich an den Moislinger Dorfkern anlehnt. Weitgehend entstehen einzelstehende Gebäude in Geschoßwohnungsbau und mehrere Wohnhochhäuser, zwischen ihnen kleinere Grünflächen. Innerhalb der Bebauung zwischen Brüder Grimm- und Andersenring wurde eine von Spazierwegen durchzogene größere Grünanlage angelegt. Ein breiter Streifen natürliche Landschaft zur Trave hin blieb gänzlich unbebaut.

Er wurde 1998 als Naturerlebnisraum von insgesamt 21 Hektar ausgewiesen. Im östlichen Teil gehört der hügelige Krähenwald dazu, ein lichter Buchenwald auf der Höhe über den Feuchtwiesen der Trave. Westlich

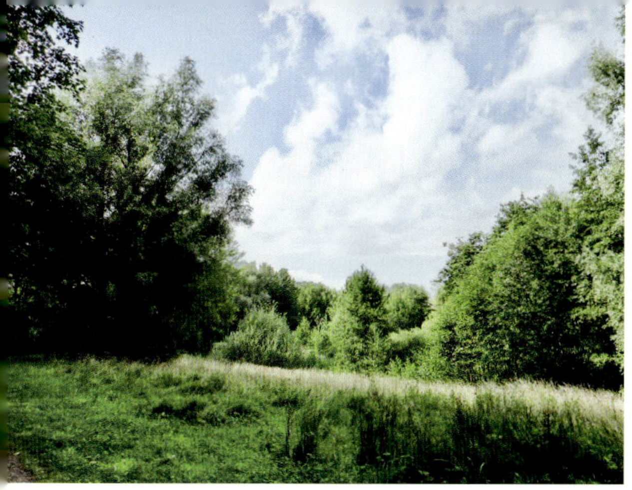

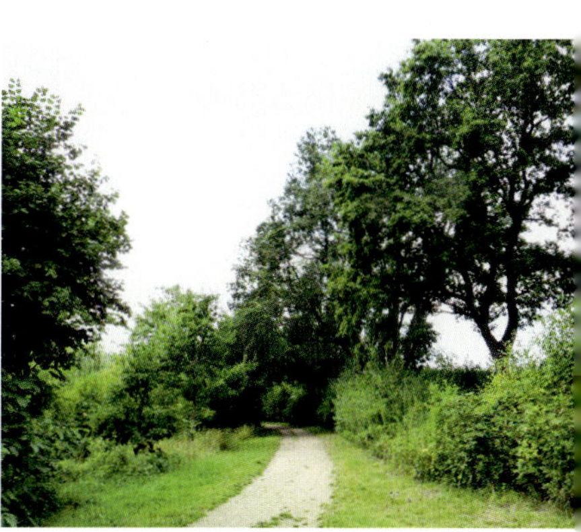

des Stadtteils liegt die Moislinger Aue, eine Freifläche mit mehreren, von Bäumen überschatteten Wanderwegen. Ein Bach, der Sterntalergraben, durchzieht das Gelände. An zwei Stellen wurde er zu Teichen aufgestaut, auf denen Wasserplattformen als Ruheinseln schwimmen. Auch ein besonderer Kletterbaum lädt Wagemutige ein. Zwei Plätze zum Sitzen wurden ebenfalls angelegt.

37. Der Carlebach-Park

zwischen Alexander-Flemming-Straße und Mönkhofer Weg, Haltestelle: Alexander-Flemming-Straße, Buslinien: 1,2, Maria-Goeppert-Straße, Buslinien 1,32

2004 begann der Bau eines neuen Quartiers für etwa 5.000 Einwohner im Süden der Stadt, der Hochschulstadtteil. Zielvorstellungen waren einerseits, Arbeiten, Wohnen und Freizeit miteinander zu verknüpfen, andererseits aber auch, Platz für Forschungs- und Technologieeinrichtungen zu schaffen. Zentrale Achse des gesamten Baugebiets war eine langgestreckte Parkanlage von 6,3 Hektar, die die Hochschuleinrichtungen im Osten mit einem Stadtteilzentrum im Südwesten verbinden

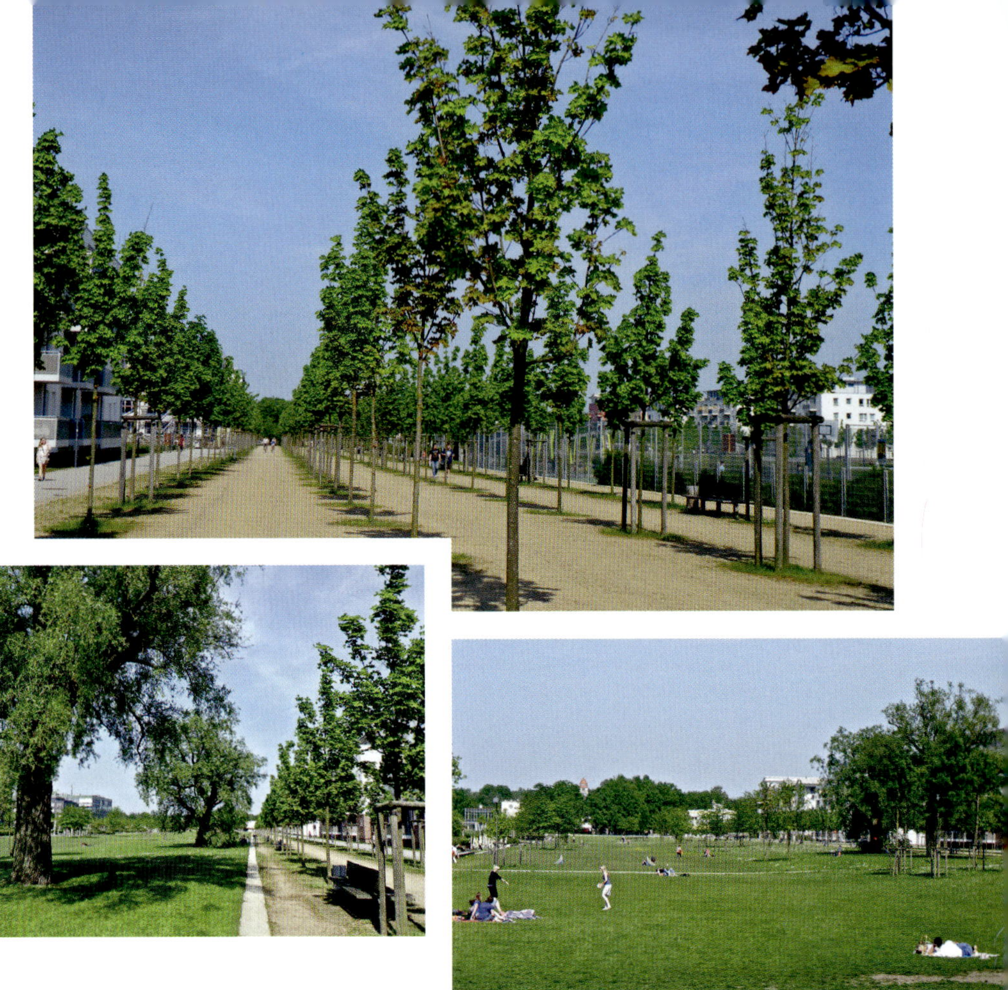

sollte und die bereits vorhandene Achse auf dem Krankenhausgelände aufnimmt. Bereits 2005 war die Grünanlage fertiggestellt und erhielt den Namen „Carlebach-Park“ zur Erinnerung an eine Lübecker Rabbinerfamilie.

An beiden Längsseiten ziehen sich Promenaden hin. Im Norden gehören zu dieser Esplanade vier Baumreihen, im Süden ist die Promenade schmaler und nur mit zwei Reihen bepflanzt. Immerhin wurden dafür insgesamt 410 Spitzahorne gesetzt. Auf der tiefergelegenen weiten Rasenfläche dazwischen sind einige ältere Bäume aus den vorher hier gelegenen Kleingärten erhalten, daneben wurden Amberbäume, Purpureschen, Sumpfeichen und Silberweiden neu gepflanzt. Terrassen aus hellem Beton laden zum Sitzen ein.

In die Anlage eingefügt sind Liegewiesen sowie unterschiedliche Sport- und Spielangebote, die durch Laubengänge mit Blauregen abgetrennt sind. Eine Querverbindung zu den jeweils am Park endenden Straßen wird von einer Birkenallee gesäumt.

Lübecks Osten

Im Gebiet beiderseits der heutigen Brandenbaumer Landstraße wechselten früher zur Wakenitz hin entwässernde Feuchtgebiete (wie auch die Krebskuhle) mit eingeschobenen flachen Hügeln und großen Sanderflächen. Letztere wurden seitens der Stadt ab Mitte des 18. Jahrhunderts mit Aufkauf der Gutsgebiete aufgeforstet (Wesloer und Brandenbaumer Tannen). Die Feldflur teilten sich die Güter Brandenbaum und Hohewarte. Bis nach dem zweiten Weltkrieg blieb das Gebiet weitgehend unbebaut.

Anders dort, wo die Trave in die breite Fläche einer Förde übergeht. Hier lag das bereits 1225 erwähnte Fischerdorf Schlutup an der weiten Schlutuper Wiek. Die Bucht unterhalb des Kirchberges diente den Fischern als Hafen, die Boote wurden meist auf den Strand gezogen oder lagen an kleinen Stegen. Erst mit Aufkommen motorisierter Kutter wurde 1912 eine Anlegebrücke errichtet. Dennoch geht die Zahl der Fischer ständig zurück. 1982 gibt es noch 11 Betriebe, 2007 üben nur noch zwei Fischer dieses Gewerbe aus. Statt eines Fischereihafens besitzt Schlutup nun eine Marina für Freizeitsegler.

38. Grünanlage Benzstraße – Krebskuhle

Brandenbaumer Landstraße/Benzstraße, Haltestelle: Guerickestraße, Buslinie: 5

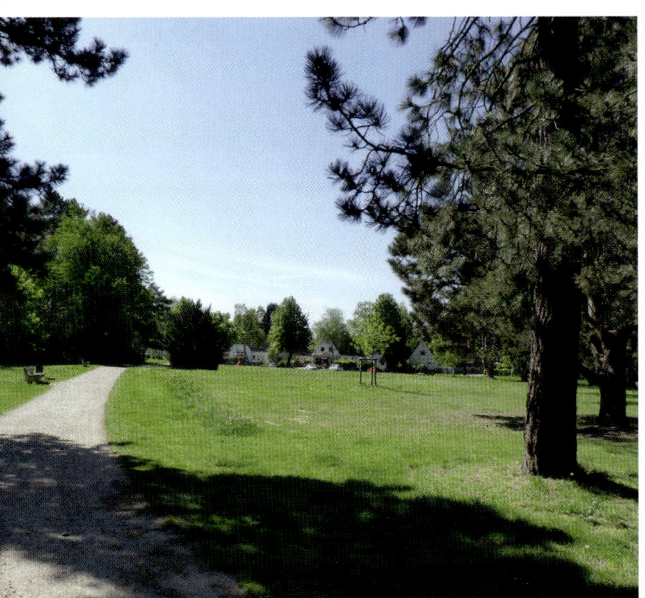

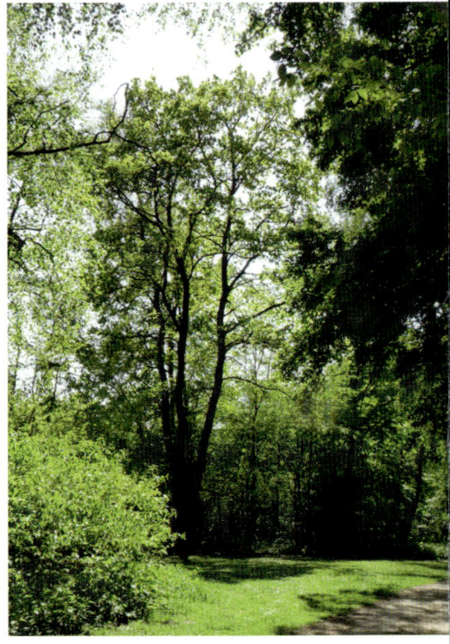

Noch die Topographische Karte von 1954 zeigt ungenutzte Flächen zwischen der Krebskuhle und der Landstraße sowie einen Bachverlauf vom Teich Krebskuhle hin zur Wakenitz. Heute sind die Grundstücke zwischen Landstraße und Schule nordwestlich der Benzstraße bebaut, südöstlich ist die kleine Parkanlage entstanden. Der Bach ist ebenso verschwunden wie der Geländeeinschnitt südöstlich der Krebskuhle.

Das unbebaute Dreieck an Brandenbaumer Landstraße und Benzstraße ist weitgehend eine offene Rasenfläche, die nach Südosten ansteigt und dort von einem schmalen bewaldeten Hügel abgeschlossen wird. Vor ihm verbindet ein Fußweg die beiden Straßen. Entlang der Benzstraße

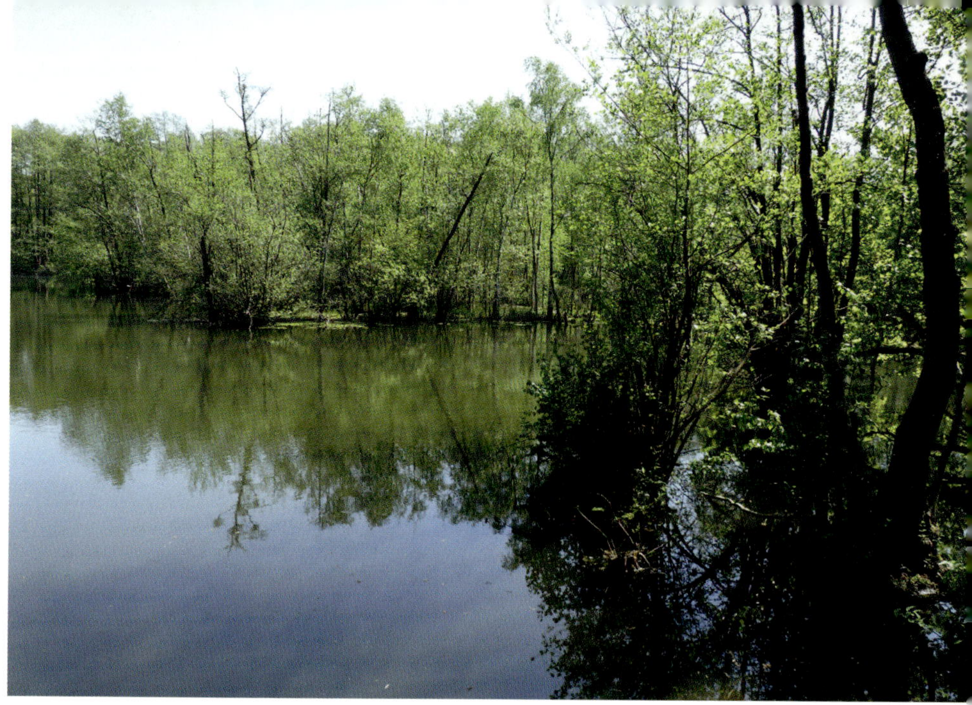

steht eine Reihe großer Kiefern. Auf der Spitze des Hügels und nur von der Brandenbaumer Landstraße aus zugänglich eine Stele, angelegt 1921 als Gedenkstätte für die Toten des ersten, später ergänzt um die Toten des zweiten Weltkriegs. Einziger Schmuck ein Flachrelief mit einem Eisernen Kreuz.

Das weitere Gebiet um die Krebskuhle ist seit dem Bau des katholischen Gemeindezentrums Liebfrauen 1955 von diesem Teil abgetrennt, nur der Wanderweg von der abknickenden Benzstraße zwischen Schul- und Kirchengelände verbindet beide Teile und führt weiter bis zum Ende der Dieselstraße. Dabei passiert er den Krebskuhle genannten Teich, ein schmaler Fußpfad zweigt vorher nach Südosten zur Guerickestraße ab.

Der Teich mißt in der Länge etwa 320 m, an der breitesten Stelle 150 m und wird als Badesee genutzt. Er ist zu großen Teilen von Erlengehölz umgeben, das ebenfalls die Halbinsel bedeckt. Entlang des Wanderweges finden sich auch andere Laubbäume.

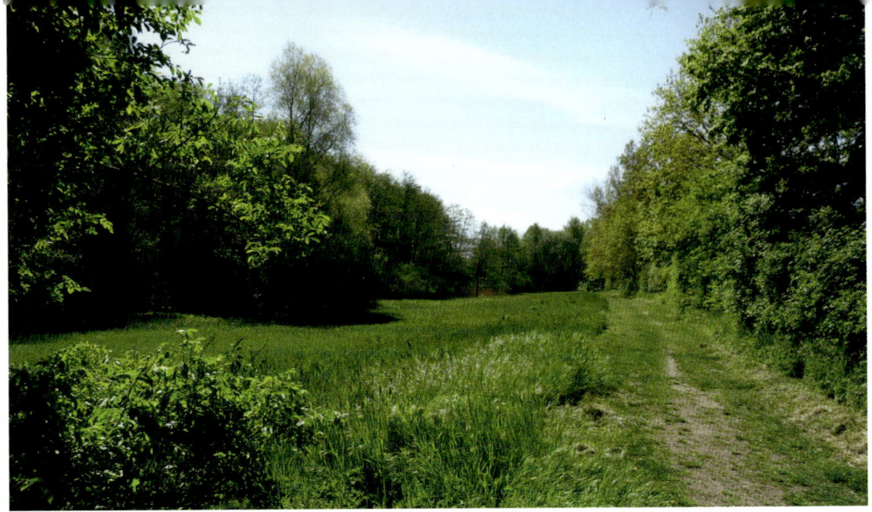

39. Naturerlebnisraum Plankenwiese

Brandenbaumer Landstraße/Landesgrenze, Haltestelle: Eichholz, Linien: 3,5

Zur Sicherung seiner Landgebiete hat die freie Stadt Lübeck schon im 13. Jahrhundert auch nach Osten ein System von Grenzgräben angelegt. Durchlässe wurden durch Schlagbäume und Wachposten gesichert, daher auch der Name „Brandenbaum". Zwischen Eichholz und Schlutup sicherte er die Grenze nach Mecklenburg, bis 1990 war er somit auch Zonengrenze zum Territorium der damaligen DDR.

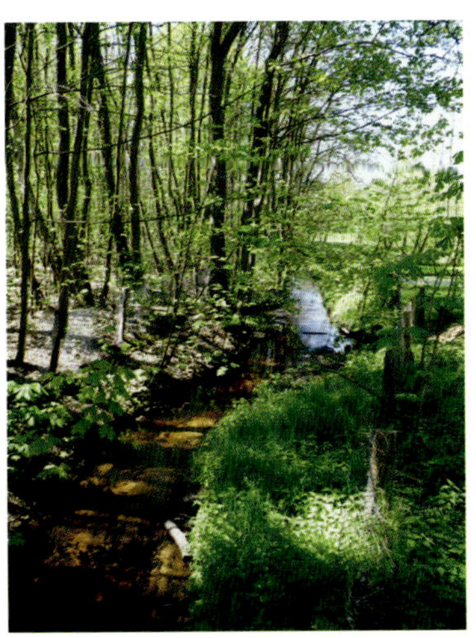

Das Gebiet der Plankenwiese zieht sich als Naturerlebnisraum im Ortsteil Eichholz am Landgraben entlang, deswegen sind Eingriffe in die natürliche Erscheinung nicht vorgesehen, wohl aber die Nutzung als Erkundungsfläche besonders für Schulklassen.

40. Uferzone an der Schlutuper Wiek

Küterstraße/Mühlenweg, Haltstelle: Schlutup Markt, Buslinien: 11,12

Das ehemalige Gebiet des Fischereihafens von Schlutup ist jetzt eine Grünanlage. Bei Einmündung der Küterstraße ist ein dreieckiger Rasenplatz entstanden mit einem restaurierten Fischerkahn als Blickfang. Von Sitzbänken geht der Blick über Buschwerk und eine kleine Schilfzone hinweg auf das Hafenbecken. Nach rechts führt ein Uferweg Richtung Mecklenburger Landstraße, nach links erstreckt sich entlang des Mühlenweges unterhalb des Steilhangs eine schmale Grünfläche zum Ufer hin, in die einige Slipanlagen eingebaut sind. Am Ende knickt die Uferlinie nach rechts ab, vor dem Werftgelände befindet sich dort ebenfalls eine Grünfläche. Die Marina bietet nun mehrere Stege ins Hafenbecken für Sport- und Segelboote an.

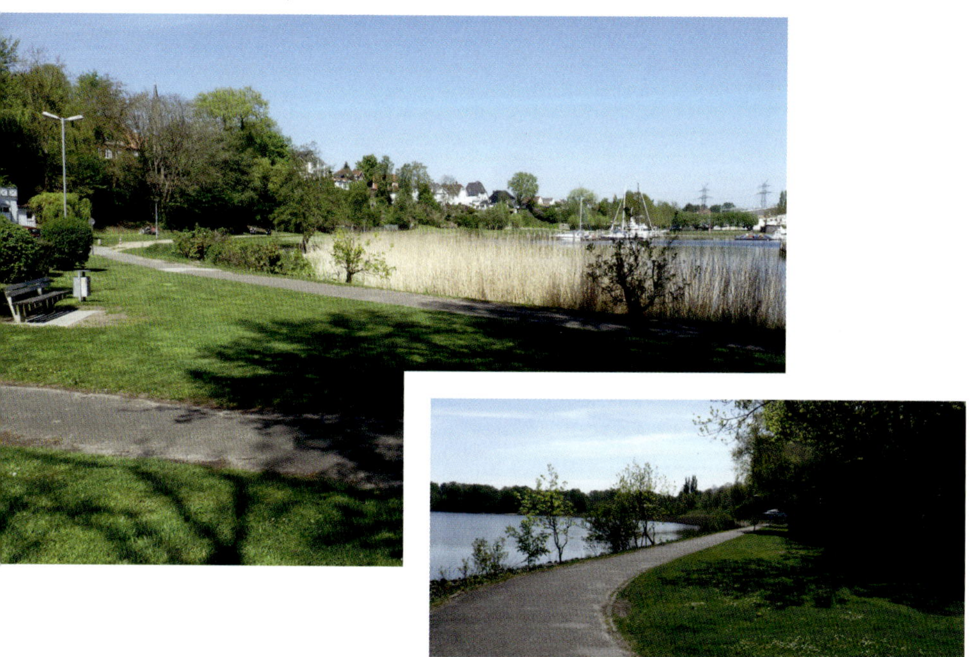

Jenseits der Trave

Das Gebiet am nördlichen Ufer der unteren Trave hat sich gegen Ende des 19.Jahrhunderts zum größten Industrierevier der Hansestadt entwickelt - von Dänischburg bis Herrenwyk reihten sich Fabriken und Werften, landeinwärts entstanden Wohngebiete für die benötigten Arbeitskräfte. Die Dörfer Siems, Kücknitz und Dummersdorf wurden weitgehend einbezogen und verloren ihren ländlichen Charakter. Damit veränderte sich auch das Landschaftsbild. Während Waldhusener Forst und die Flur östlich von Dummersdorf weitgehend unbeschadet blieben, wurde das Gelände südlich davon bis zum Traveufer völlig umgestaltet. Selbst das Tal des Kücknitzer Mühlbaches erlitt große Veränderungen.

Erst in jüngster Zeit wurden 475 Hektar als Landschaftsschutzgebiete gesichert, neben dem Naturschutzgebiet Dummersdorfer Ufer, das zu großen Teil schon 1958 unter Schutz gestellt wurde. Die Zeit großer Industriebetriebe ist inzwischen Vergangenheit, geblieben sind Gewerbeflächen für kleinere Betriebe und die Altlasten an verseuchten Böden.

41. Das Mühlbachtal (Kücknitz)

zwischen Seelandstraße und Solmitzstraße,
Haltestellen: im Süden:Seelandstraße, Linien 32,33,
im Norden: Friedhof Waldhusen, Linien 31,39

Das Tal verdankt seine Entstehung der Eiszeit: Sommerliche Schmelzwässer bildeten ein tiefes Tunneltal aus, zu beiden Seiten häuften sich Sandwälle, sog. Öser. Der heutige Bach hat seinen Ursprung im Waldhusener Forst und ergießt sich nach rund 7 Kilometern bei Herrenwyk in die Trave. Dort stand seit dem 14. Jahrhundert eine Wassermühle.

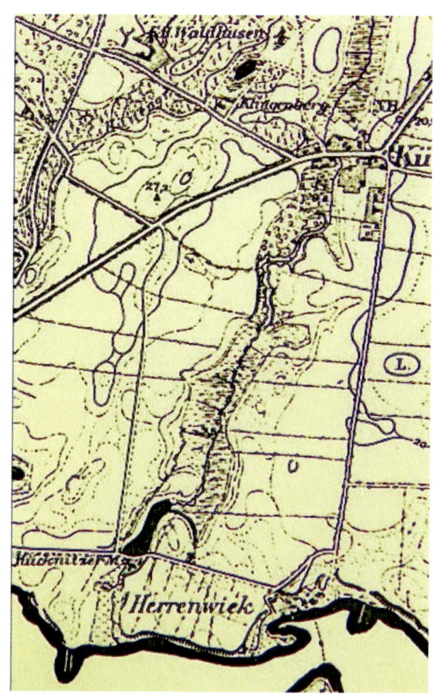

Der Mühlbach erlitt im 20. Jahrhundert ein wenig schönes Schicksal: Mit dem Bau eines Klärwerkes in der Straße Schmaler Stieg wurden die nur unvollständig geklärten Abwässer in den Bach geleitet, der dann begradigt und mit Sohlschwellen aus Beton versehen wurde. Zwar wurde das Tal 1954 Landschaftsschutzgebiet, dennoch wurde es noch in den 70er Jahren als illegale Müllkippe genutzt. Erst ab 2003 begannen ernsthafte Renaturierungsmaßnahmen.

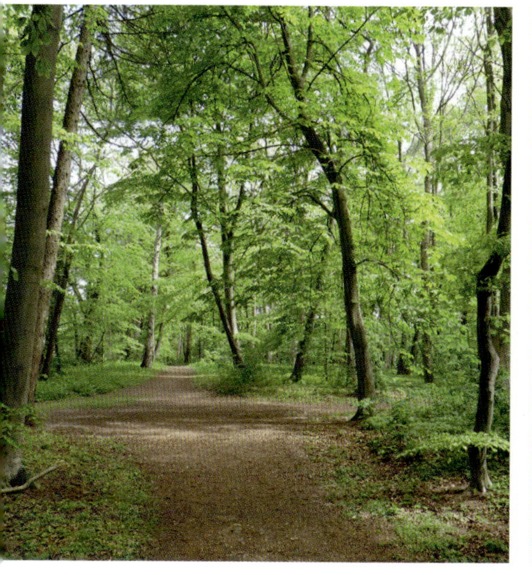

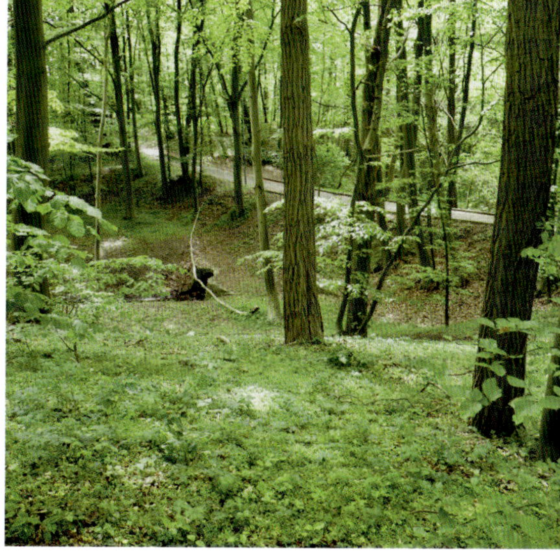

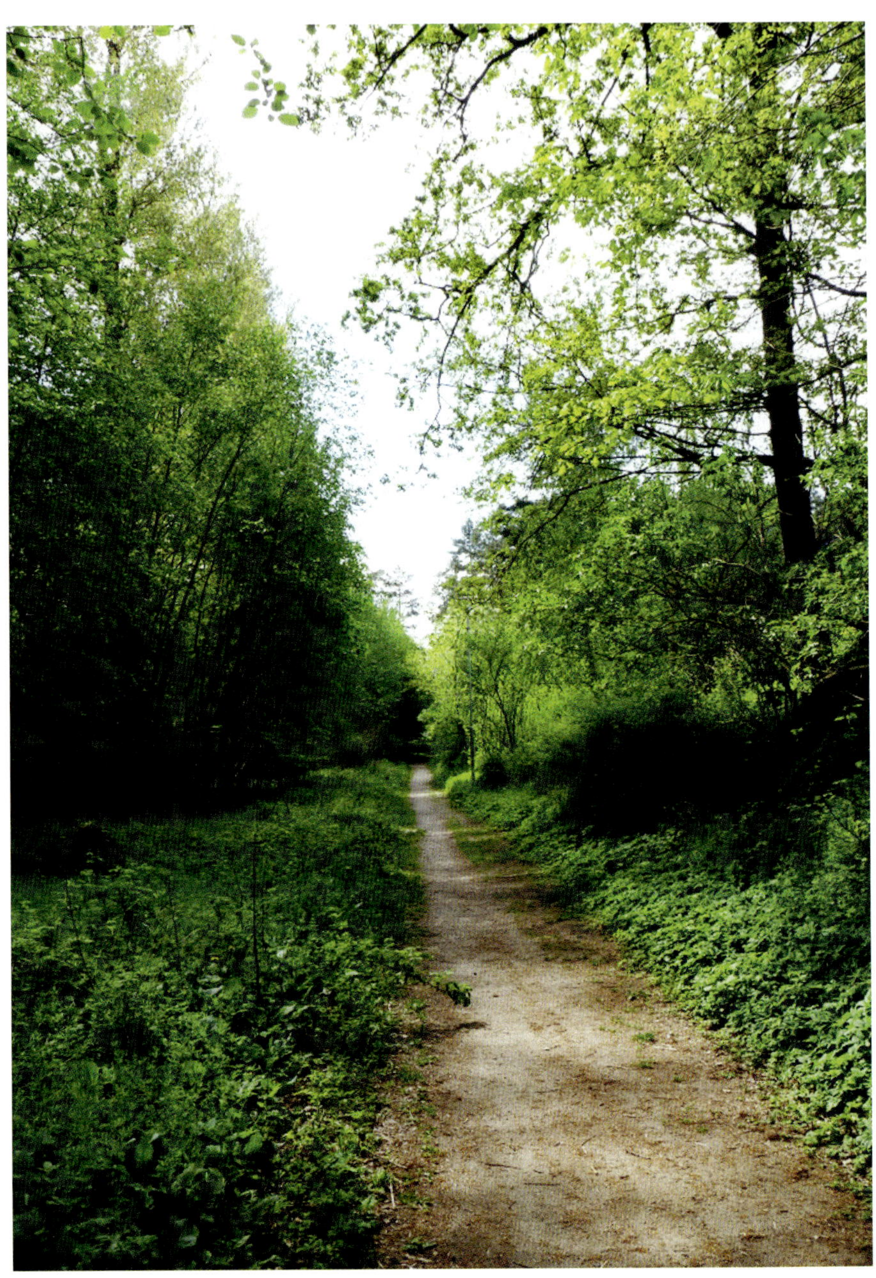

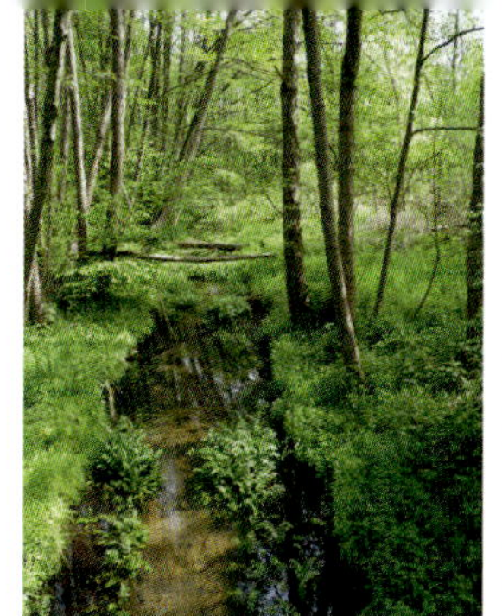

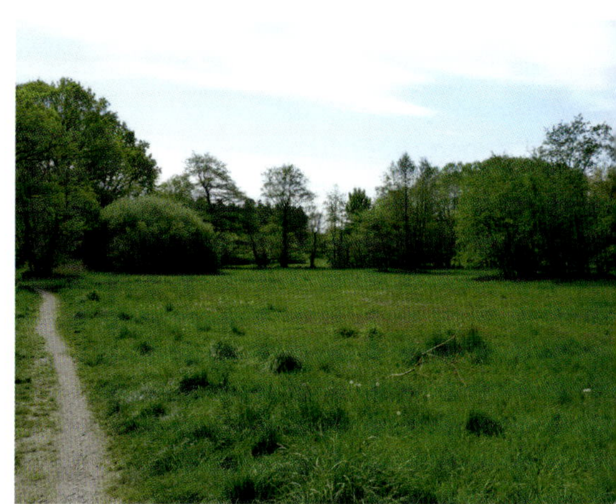

Dreimal werden die Siedlungen auf beiden Seiten durch Querwege und Brücken verbunden: Der nördliche führt als beleuchteter und asphaltierter Fahrweg von der Einmündung des Siemser Mühlenweges in den Brunskroog zur Kücknitzer Stichstraße Schmaler Stieg. Der mittlere von der Kücknitzer Scheide zum Schwimmbad und den Sportanlagen neben dem Schulzentrum. Im Süden dann verlängert ein Weg die Straße Rangenberg zur Dockstraße in der ehemaligen Flendersiedlung. Entsprechend läßt sich auch das Tal in drei Abschnitte teilen:

Es beginnt im Norden, unmittelbar südlich der Solmitzstraße, mit einem Os im Westen, das zum hier sehr schmalen Bachtal steil abfällt. Der Hügel ist mit einem lichten Buchenwald bestanden, mehrere Wanderwege durchziehen ihn. Mit der Brücke des nördlichen Verbindungsweges öffnet sich dann eine weite Talaue, früher als Viehweide genutzt. Hier herrschen an den Rändern des Baches und der Talsohle Weiden und Erlen vor. Mit der dritten Brücke verengt sich das Tal erneut zu einer Wildnis aus baumbestandenem Feuchtgebiet, eingezwängt zwischen versteckten Wohngebieten an beiden Seiten - den Sackgassen Krummer Weg und Sandwich. An der Seelandstraße endet das Tal, die letzten Meter legt der Mühlbach unterirdisch durch das Industriegebiet am Traveufer zurück.

42. Der Metallhüttenpark

Zugang über die Straßen Dampfpfeile oder Zur Gießhalle, entfernte Haltestelle: Möllerung, Linie 33

Dieses Gelände entlang der unteren Trave ist ganz sicher kein Park im üblichen Sinne. Das zeigen schon runde schwarze Behälter oder aus dem Boden ragende Metallrohre an. Denn unter einer Bodenschicht und einer Abdeckplane verbirgt sich eine veritable Giftmülldeponie, die ehemalige Schlackenhalde des Hochofenwerks, angereichert mit dem Schlamm aus früheren Auffangbecken und durchsetzt mit kontaminiertem Erdreich und den giftigen Abfällen verschiedener Werksbereiche.

Hier hat man also alles zusammengetragen, was eigentlich hätte entsorgt werden müssen, aber aus Kostengründen nicht abtransportiert werden konnte. Abgedichtet durch feste Planen, gegen die Trave durch Spundwände und Steinschüttungen gesichert und eben durch Beobachtungspegel, Oberflächenwasserdrainage und eine Spülleitung kontrolliert.

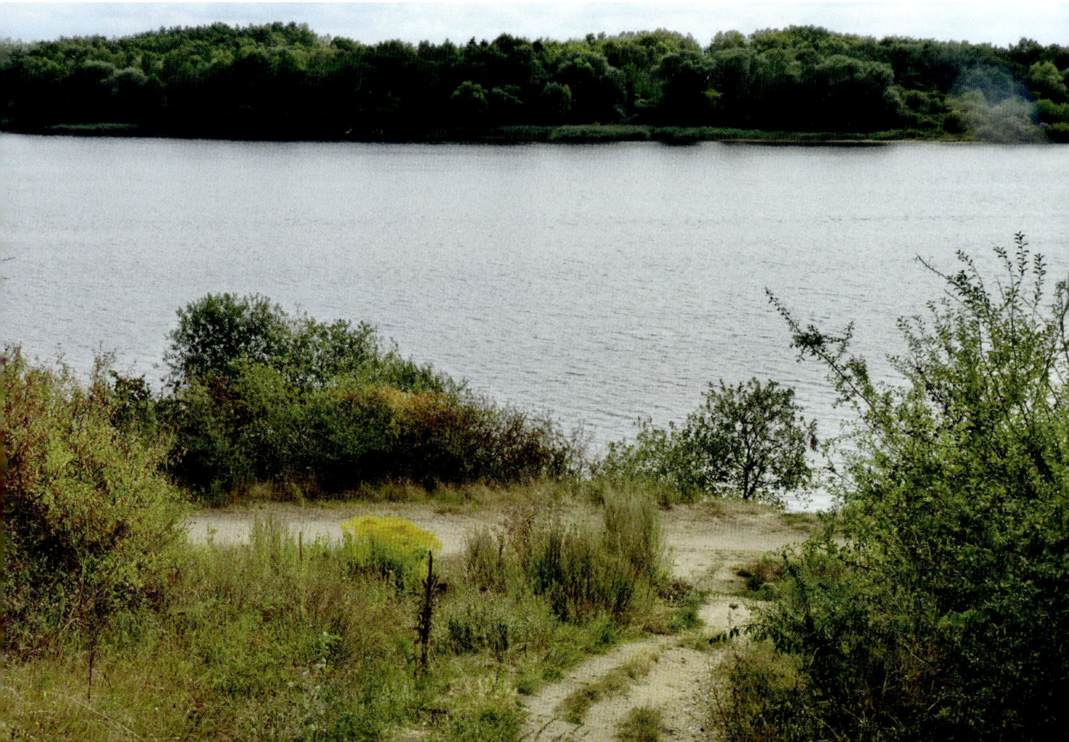

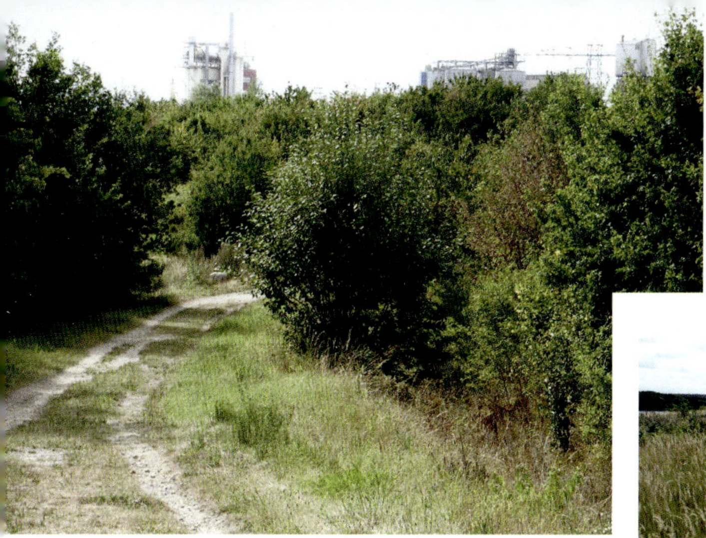

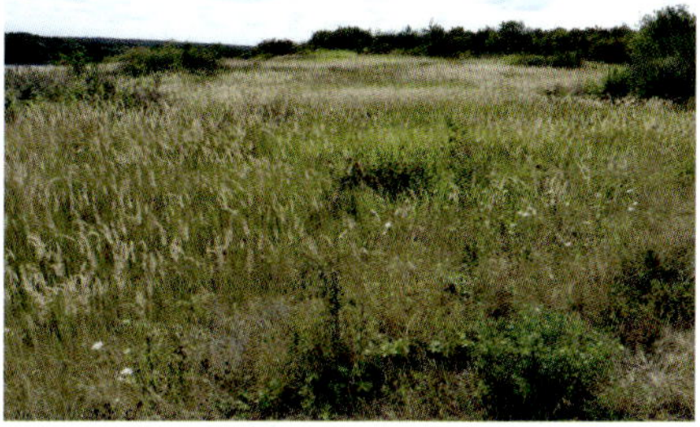

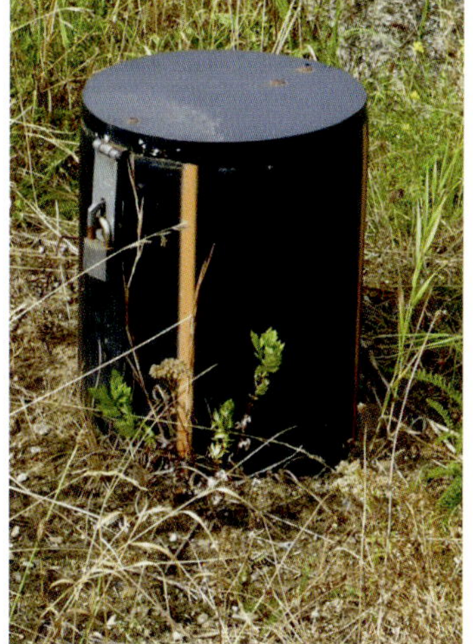

Darüber aber ist nun ein Naherholungsgebiet entstanden mit Wanderwegen und Gebüschgruppen, dazwischen Wiesen mit verschiedenen Blühpflanzen. So erinnert das Gelände eher an die natürliche Landschaft, die vor über hundert Jahren einmal das Traveufer begleitet hat, als an eine Parkanlage. Ein paar gestiftete Sitzbänke stehen immerhin dort. Eine Brücke führt zur Langenremen-Koppel hinüber und verbindet damit den Metallhüttenpark mit dem angrenzenden Naturschutzgebiet Dummersdorfer Ufer.

Namensgeber des Parks sind die ehemaligen Metallhüttenwerke, 1906 als Hochofenwerk gegründet und lange Zeit einer der wichtigsten Industriebetriebe Lübecks mit im Höchststand (1968) 2.311 Beschäftigten. Doch seit 1969 begann der Abstieg, 1981 meldete das Werk Insolvenz an und wurde abgewickelt. 1992 wurden Hochöfen und Werkhallen abgerissen. Die anschließende Sanierung kosteten Stadt und Land insgesamt 70 Millionen Euro.

Die Kuranlagen von Travemünde

Jahrhundertelang war Travemünde ein kleines Fischerdorf am Nordufer der Trave, kurz bevor sie in die Ostsee floß. 1187 von den Holsteiner Grafen mit einem Wachtturm gegründet, kauften die Lübecker ihnen bereits 1329 für eine beträchtliche Summe beides ab, um sich den freien Zugang zum Meer zu sichern. 1802 beginnt dann für den kleinen Ort eine neue Epoche: Travemünde wird Seebad und baut ein erstes Kurhaus. Als ab 1824 regelmäßig Dampfschiffe zunächst nach Kopenhagen, seit 1828 vor allem zu russischen Häfen verkehrten, kamen reiche Gäste aus dem Zarenreich. Schon ein Jahr später eröffnete eine Spielbank.

Nördlich des alten Ortskernes entstand Neu-Travemünde mit Villen und Sommerhäusern, einer Seebadeanstalt und einer Strandpromenade. Ein erster Kurpark begleitet sie vom Kalvarienberg bis zur Vorderreihe, der heutige Dr. Zippel-Park. Pferderennen, Tennis und Segelregatten sorgen für eine mondäne Atmosphäre. 1905 entsteht am neuen Strandbahnhof ein eigenes Villenviertel im Stil einer Gartenstadt, das um eine Grünanlage herum gebaut wird: den Godewindpark.

43. Dr. Heinrich Zippel-Park

Außenallee, Haltestelle: Lotsenberg/Trelleborgallee, Buslinien: 30,31, 33,35

Unmittelbar südlich des Strandbahnhofes liegt der Kalvarienberg, eine nach Norden steil abfallende Moränenkuppe von beträchtlicher Höhe. Die knapp 5 Hektar haben einen schönen Buchenbestand, seit 2022 findet sich dort auch (wieder) ein Kletterpark unter den Baumwipfeln. Wanderwege

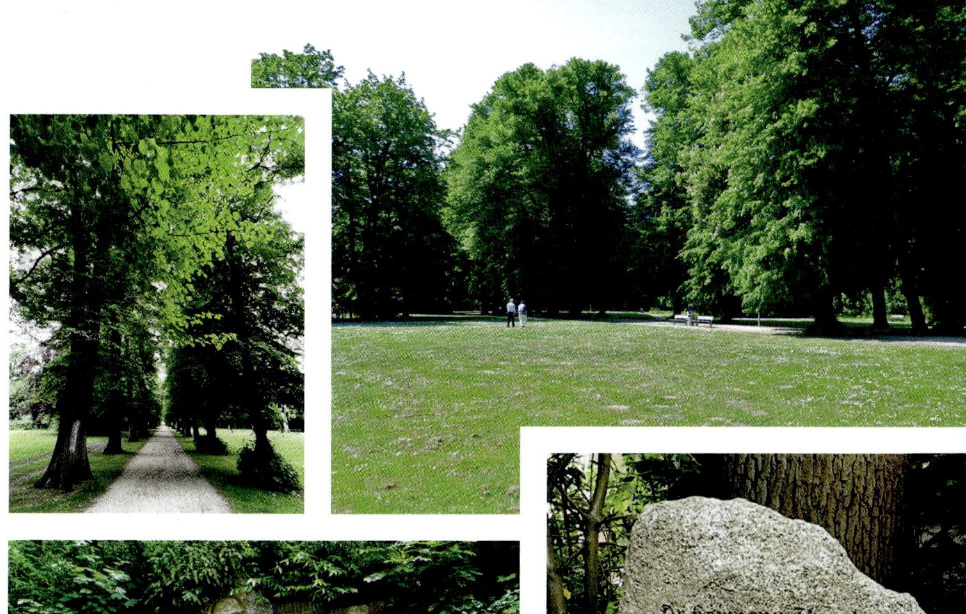

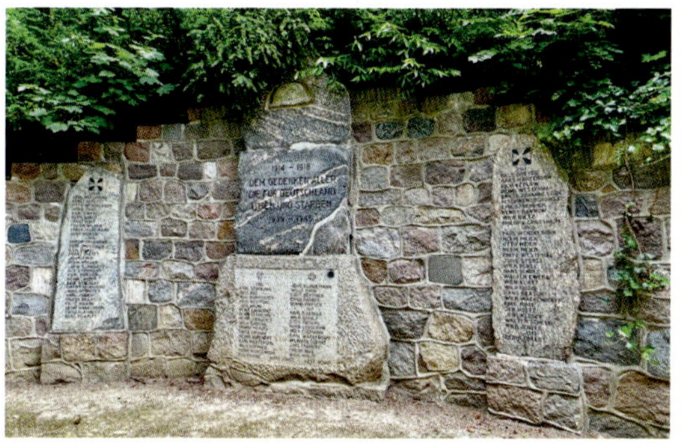

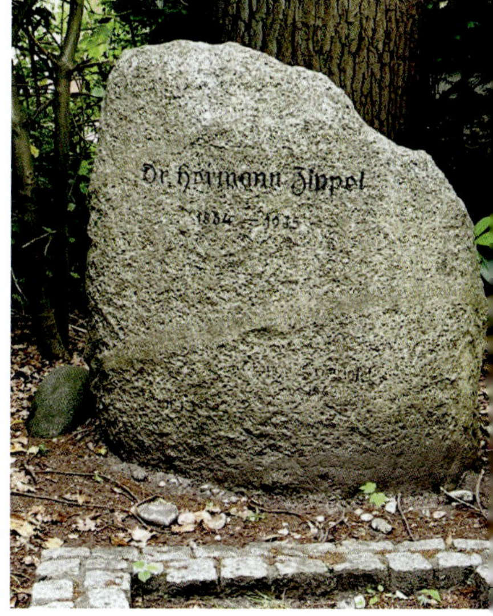

führen auf der sich sanfter senkenden Südseite zu einer langgestreckten Grünfläche zwischen Bahnstrecke und Außenallee, dem eigentlichen Zippel-Park. Direkt unterhalb des Hangs befindet sich ein Ehrenmal für die Toten beider Weltkriege, eine gerundete Wand aus Natursteinen, davor große Steinplatten mit den Namen der Toten. Ganz in der Nähe liegt auch ein kleiner Teich. Der Buchenwald setzt sich entlang der Bahngleise weiter fort, ist jedoch durch einen geplanten Straßenbau gefährdet.

Zur See hin verbleibt eine Rasenfläche, von Solitärbäumen überschattet und von Wanderwegen durchzogen.

Auffällig eine Lindenallee, die parallel zur Außenallee den Park in ganzer Länge vom Kalvarienberg bis zur Straße Am Lotsenberg durchzieht. Sie wurde bereits 1802 gepflanzt, um den alten Ortskern mit dem gerade neuentstehenden Kurgebiet zu verbinden. Bemerkenswert auch, daß im Frühling auf weiten Teilen des Parks hunderte von gelben Narzissen blühen. Es sollen 24 verschiedene Arten und Sorten sein, von der gewöhnlichen Osterglocke bis zu Formen der Dichternarzisse. Eine weitere Besonderheit ist die Nachbildung einer historischen Uhr mit einer alten Persil-Reklame, die hier gestanden und irrtümlich entfernt worden ist.

Seinen Namen verdankt die Parkanlage dem Travemünder Arzt Dr. Heinrich Zippel, der neben anderem kommunalen Engagement anerkannter Chorleiter der Travemünder Liedertafel war. 1953 setzte der Verein ihm zu Ehren einen Gedenkstein, und die Stadt gab dem Park diesen Namen.

44. Godewindpark

Godewind/Fallreep,
Haltestelle: Strandbahnhof,
Buslinien: 30,31,33,35,40

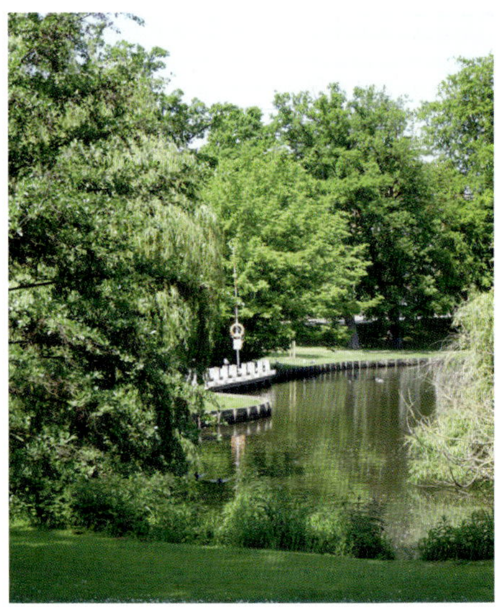

Nach Fertigstellung des Strandbahnhofs sollte nördlich davon ein Villenvorort nach dem Modell einer Gartenstadt entstehen. 1905 begann der Bau. Für die moorige Senke in der Mitte war eine Parkanlage vorgesehen, an der tiefsten Stelle wurde ein See zur Entwässerung angelegt, ringsum das Gelände aufgeschüttet, um dort einen englischen Landschaftspark mit geschwungener Wegeführung und baumbestandenen Rasenflächen zu

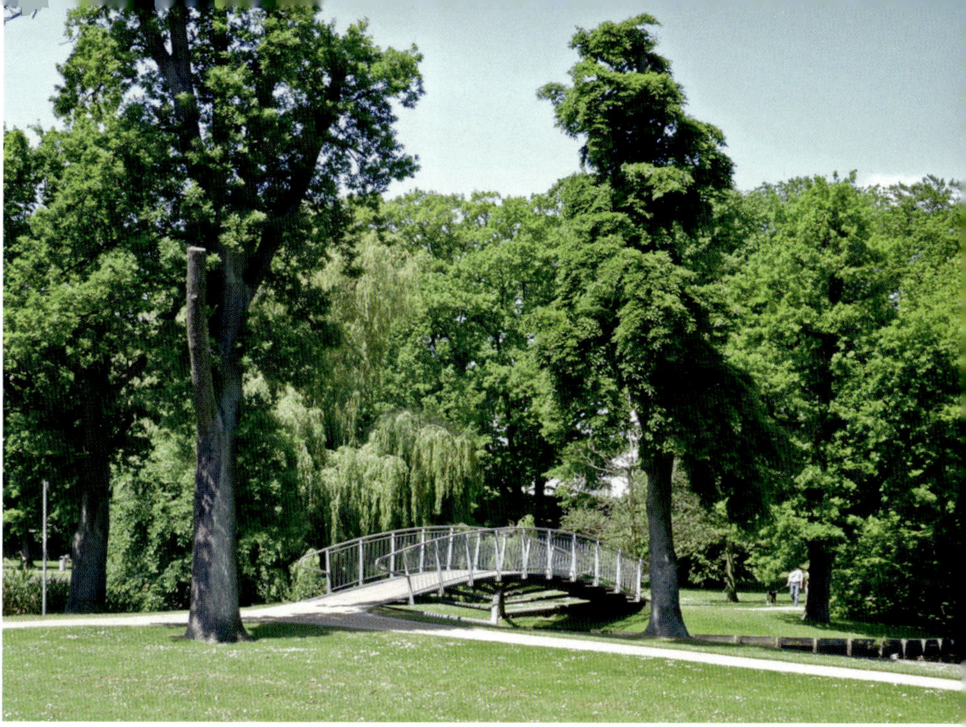

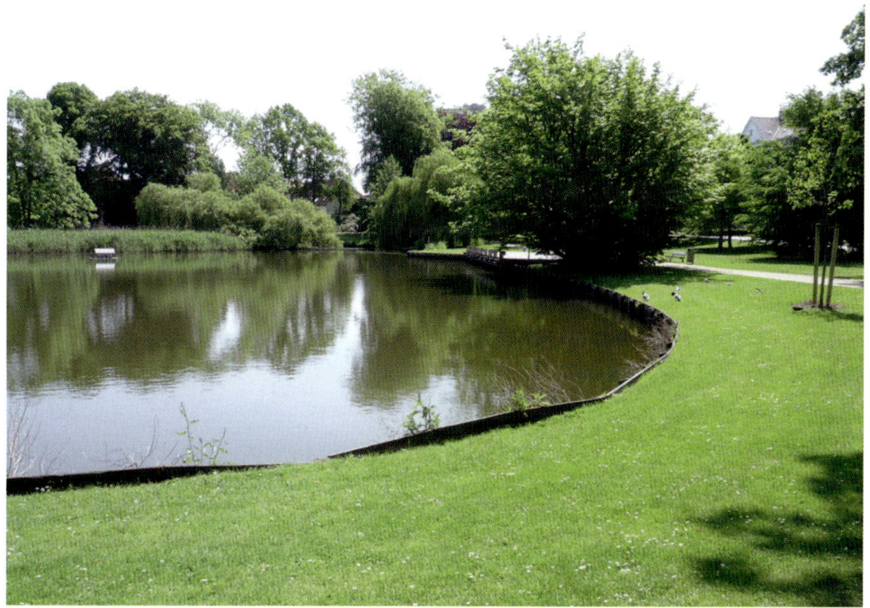

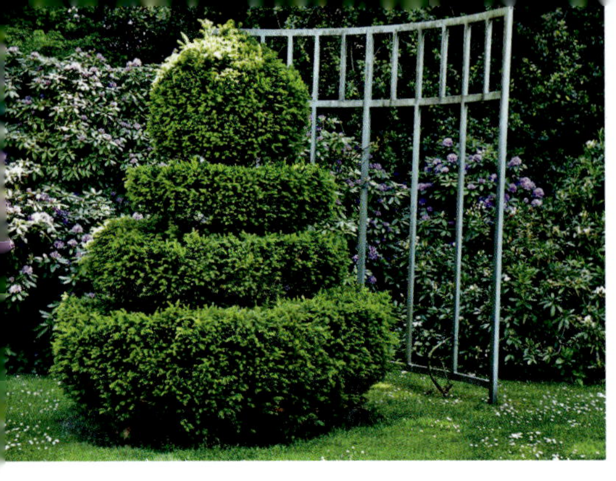

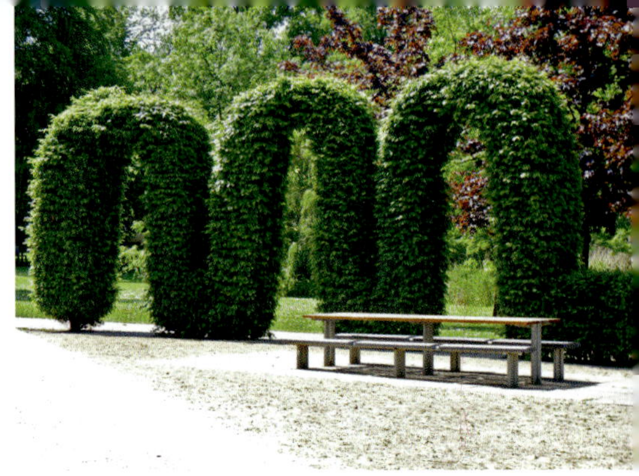

schaffen. Blutbuchen und Eichen gehören zu den bis heute den Park prägenden Arten, um den Teich herum stehen Trauerweiden.

2000-2002 wurde der Park von Landschaftsarchitekten überarbeitet. Die „Schmetterlings-Brücke" über die schmalste Stelle des Teiches wurde erneuert, allerdings zunächst nicht barrierefrei, sodaß nachgebessert werden mußte. An einer Stelle wurde eine Plattform ans Ufer gesetzt. Neu hinzu kamen größere Sitzgruppen und Pergolen mit Kletterrosen, an den Rändern schützen hohes Buschwerk und Rhododendren, Granitkleinpflaster kennzeichnet die Wege. Eher auf Barockgärten zurückgreifende Formen wie beschnittene Eiben geben dem Park ein vielfältigeres Aussehen, hohe Hainbuchenhecken sind zu steilen Wellen zusammengeführt. Ein Kunstobjekt *„Parallel Lines"* des dänischen Künstlers Mikael Hansen besteht aus einer Reihe weißer Vierkantstäbe, sie zeigen je nach Blickwinkel unterschiedliche Wirkungen.

45. Brügmann-Garten

Zwischen Außenallee und Strandpromenade, Haltestelle: Außenallee, Linien: 30,31,33,35

Zwischen Maritim und dem Grand Hotel (dem früheren Casino) erstreckt sich entlang der breiten Strandpromenade der dritte Teil der Travemünder Kuranlagen, der Brügmanngarten. Er beginnt im Norden mit einem halbrunden Platz am Ende der Bertlingstraße. Dieser ist von Kopflinden umstanden, einen großen Raum nimmt ein Wasserspiel aus zahlreichen, intermittierenden Fontänen ein. An der Ecke zur Außenallee hat sich ein kleines Waldstück erhalten, trotz mancher Versuche, hier Baurecht zu schaffen.

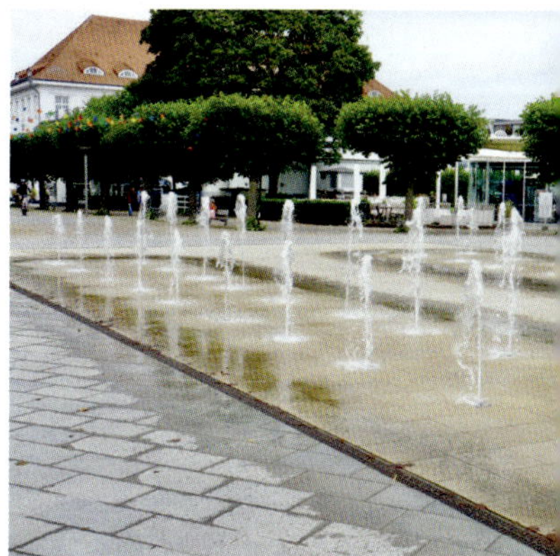

Während die größere Fläche zur Außenallee hin mit Rasen bedeckt ist und auch für Veranstaltungen genutzt werden kann, ist der Teil an der Promenade als Ruhezone konzipiert: Eine Treppenanlage aus Granitwerkstein führt auf den Platz, der mit einer wassergebundenen Decke überall betretbar ist. Inseln aus Stauden oder Rosen lockern die sonst strenge Anlage auf, kurze Heckenstücke parallel zum Strand bieten Sichtschutz für zahlreiche Bänke. Direkt zur Promenade hin schützen Scheiben die dort Sitzenden vor dem Seewind.

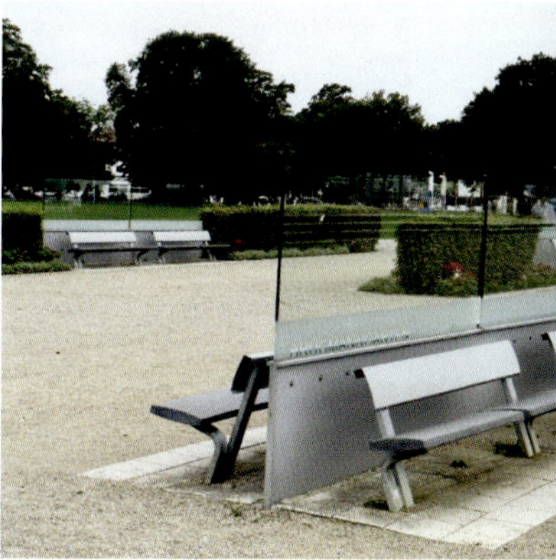

Vor dem Maritim-Komplex steht eine Musikmuschel aus der 1950er Jahren. Ihr wurde ein Zeltdach für die Zuhörenden vorgelegt. Am südlichen Ende des Parks ist ein Klanggarten angelegt worden, durch Hainbuchenhecken in drei Abschnitte geteilt. Auf den dazwischenliegenden Rasenflächen laden drehbare Liegen oder Sessel zum Verweilen ein, die Heckenräume können durch Erdlautsprecher mit sphärischer Musik beschallt werden.

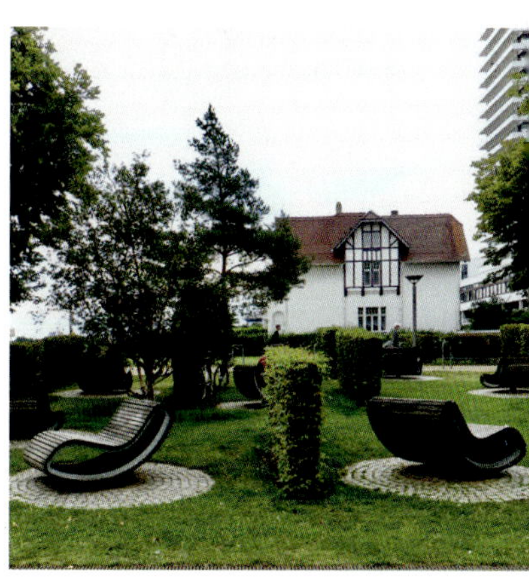

In Lübecks Nachbargemeinden: Bad Schwartau

Auch unmittelbar jenseits der Stadtgrenzen finden wir einige Parkanlagen, die einen Besuch verdienen. Vor allem bietet die Kurstadt Bad Schwartau lohnende Ziele: Da ist zunächst der Kurpark sowie die angrenzenden Schwartau- oder auch Riesebuschwiesen. Ursprünglich lag Schwartaus Kurzentrum weiter südlich. Nachdem 1895 eine erste Solequelle entdeckt wurde, entstanden mehrere Bäder und auch ein Kurhaus mit Kurgarten im Bereich der heutigen Anton-Baumann-Straße. Beide fielen 1936 der Erweiterung der Schwartauer Werke zum Opfer. In der 1970er Jahren wurde dann der Kurbetrieb an den Kurparksee verlegt. Etwa zur gleichen Zeit wurde auch das Rensefelder Moor entwässert und zum Erholungsgebiet.

46. Der Kurpark – zwischen Sole und Moor

Eutiner Straße/Geibelstraße, Haltestellen: Am Kurpark, Linie 33 oder Eutiner Ring, Linien 1, 10,33

Bereits 1934 wurde die Schwartau begradigt und auf der sog. Herrenwiese ein künstlicher See geschaffen. Er wurde zum Mittelpunkt eines neuen Kurparks unterhalb des Mönchkamp, einem mit Buchen bestandenen Höhenrücken, der zum See hin steil abfällt. Auf der Wasserfläche See- und Teichrosen. Rings um den See zieht sich ein Wander- und Spazierweg. Er führt im Westen durch die Stieleichenallee des alten Badsteigs, der einst das Elisabethbad mit dem Riesebusch verbinden sollte. Eine Wiese erstreckt sich seitlich bis zu den Kurkliniken und nimmt auch einen kleinen Platz mit Musikmuschel auf. Am südlichen Ufer wechseln

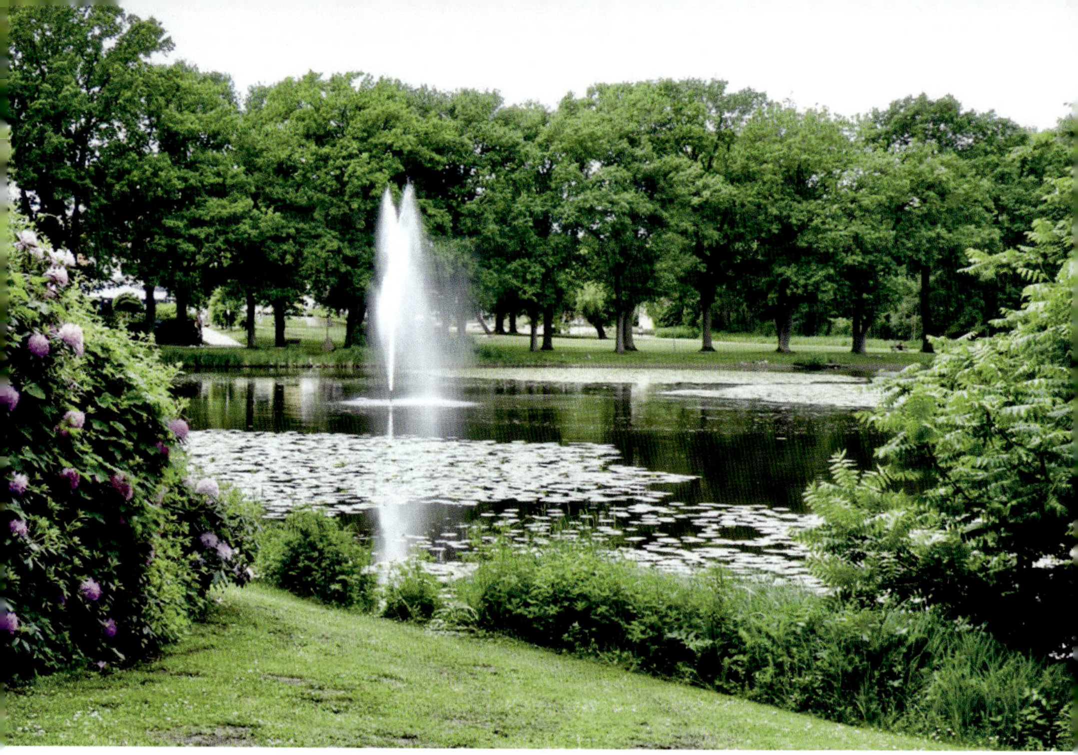

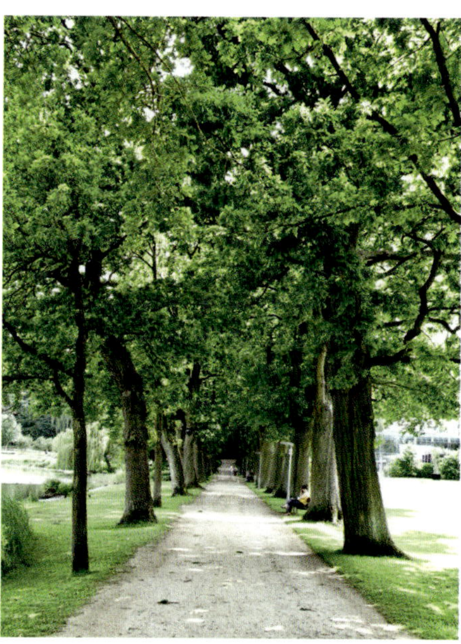

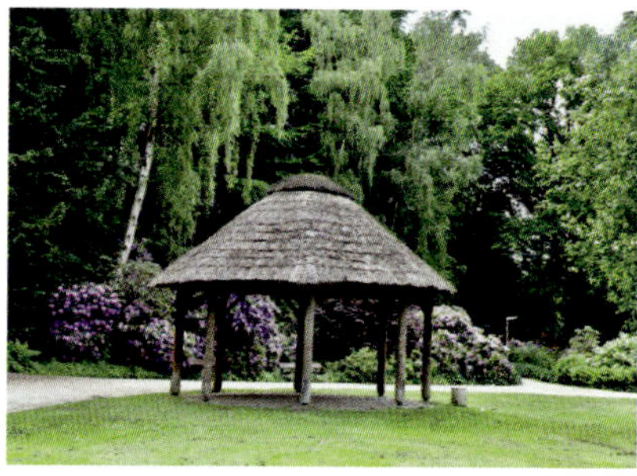

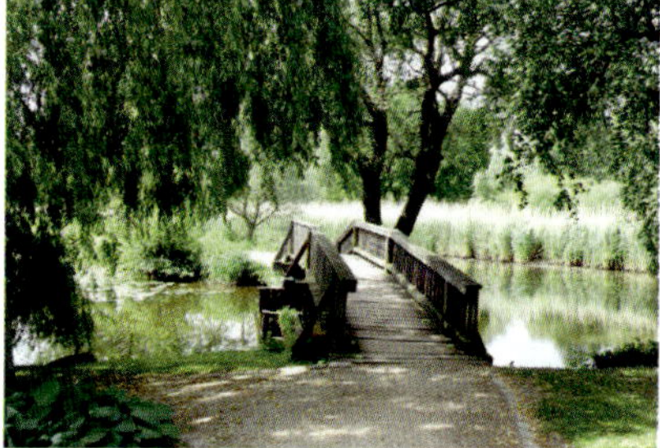

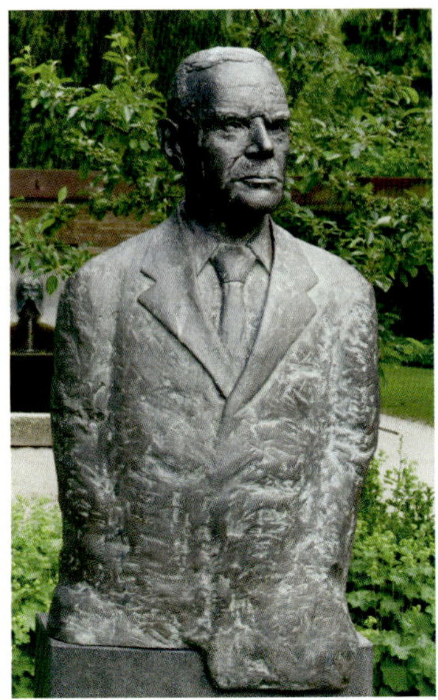

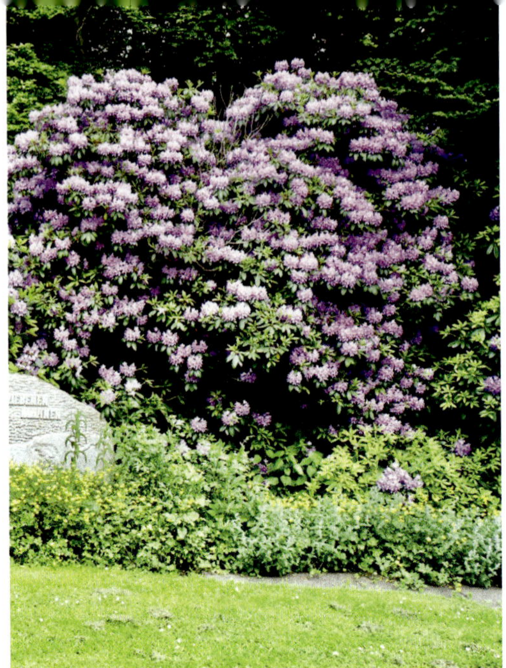

Rhododendrongruppen mit Stauden- und Blumenrabatten, Sitzgruppen erlauben einen weiten Blick über das Wasser. Wege und Treppen führen durch den Mönchkamp zur Geibelstraße hinauf.

Die Ostseite wird von zwei beschatteten Nischen geprägt, ebenfalls mit Bänken ausgestattet. Sie sind von Rhododendron und Azaleen sowie Schneeball und Hortensien umstanden. Am nordöstlichen Ende teilt sich der Weg: Östlich führt der Philosophenweg weiter zwischen Hang und der Schwartau, westlich erlaubt eine Brücke den Zugang zu einem Damm, der den See von der regulierten Schwartau trennt. Am Ende des Dammes liegt eine kleine Grünanlage mit Bänken.

Von dort führt rechts eine Brücke zu einer Minigolfanlage und in die Schwartauwiesen, geradeaus ein Uferweg zur Eutiner Straße, an der ein von Klinkermauern eingefaßter Platz mit Brunnen den Zugang schmückt. Seit einigen Jahren hat dort auch Thomas Mann eine Ehrung erhalten, hatte er doch in seinen „Buddenbrooks“ Bad Schwartau mehrfach rühmend erwähnt. Links schließt sich der Rundweg mit dem Beginn des Badsteigs.

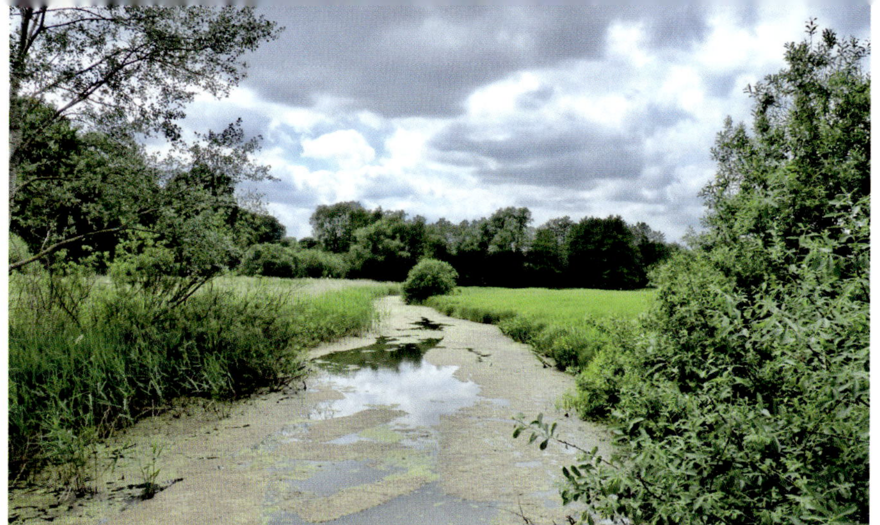

47. Die Schwartauwiesen – eine Flußniederung ohne ihr Fließgewässer

Östlich der Straße Riesebusch, Haltstellen: Am Kurpark oder Riesebusch, Linie 33

Im Gegensatz zum gestalteten Kurpark ist das Gelände nördlich der Schwartau weitgehend naturbelassen. Durch Röhricht und Bruchwald mäandriert der abgetrennte Altarm der Schwartau und prägt die Vegetation des ehemals feuchten Flußtals zwischen den seitlichen Moränenzügen. Kopfweiden begleiten teilweise die Wanderwege, in einer Flußschleife befindet sich eine Senke mit einem Teich, an anderer Stelle führt ein Holzsteg durch eine Sumpflandschaft. Und überall finden sich kleine Tümpel, in denen sich Weiden und Erlen spiegeln. Am Hang zur Straße Riesebusch liegt ein grünes Schulzimmer mit rustikalen Sitzgelegenheiten.

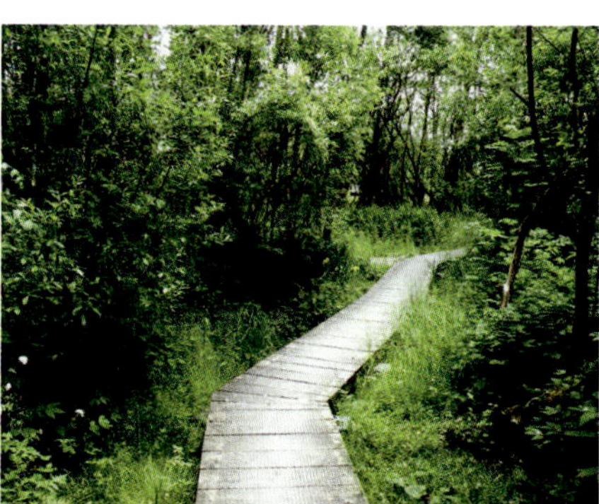

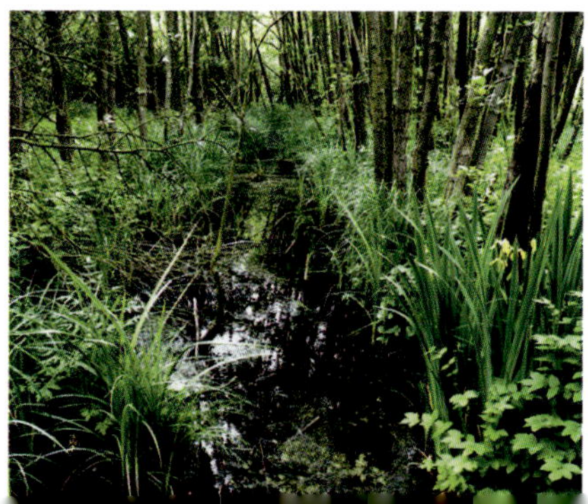

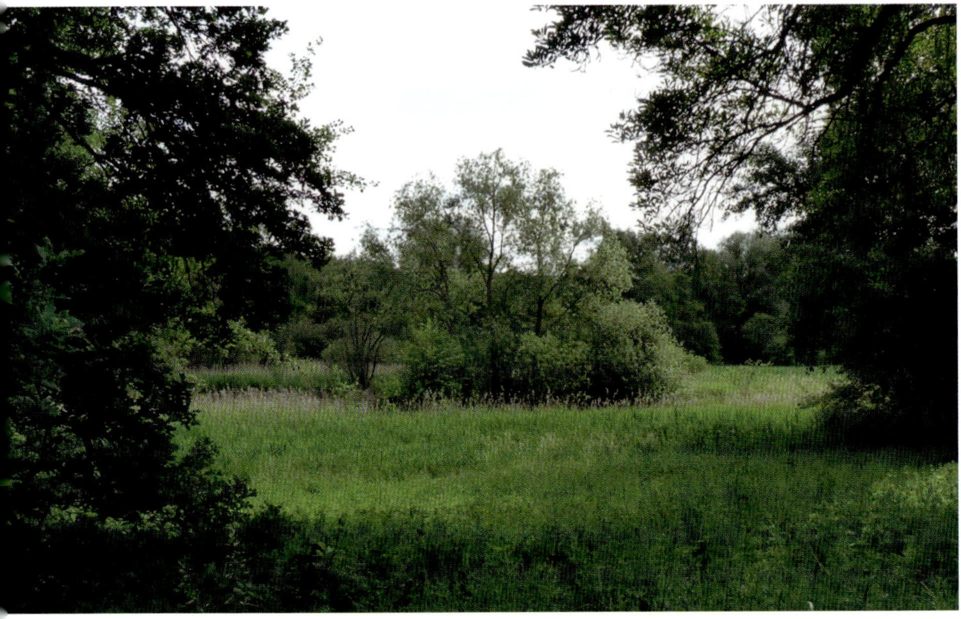

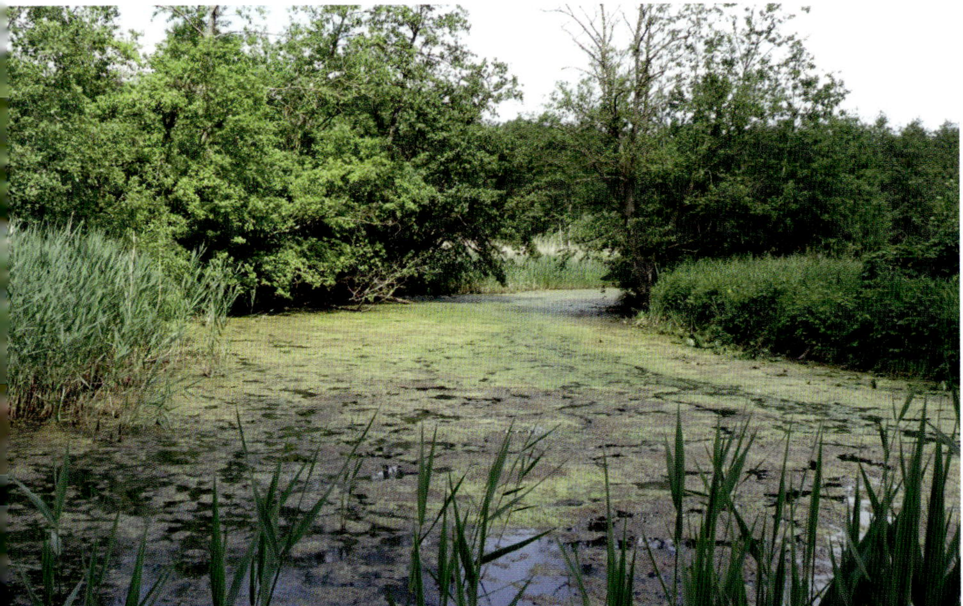

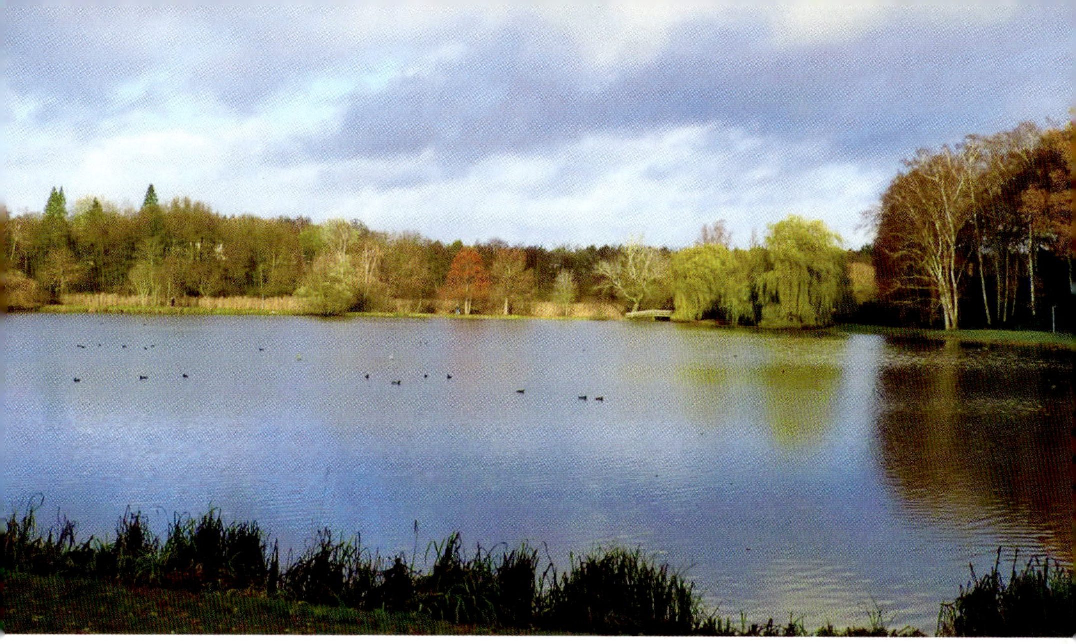

48. Der Bürgerpark – Erbe des Rensefelder Moores

Zwischen Eutiner Ring und Klaus-Groth-Straße, Haltstelle Kirchenstraße, Linien 7,9 oder Mittlerer Wassergang, Linien 1, 10

Westlich des alten Stadtkerns lag bis in die 1960er Jahre eine weite Sumpfniederung, das Rensefelder Moor, das durch einen Graben zur Clever Au im Süden hin entwässerte. Auf Teilen dieser Feuchtfläche entstand die neue Einkaufsmeile mit einem Kaufhaus im Mittelpunkt, entlang der Ludwig-Jahn-Straße ein Sport- und Schulzentrum sowie ausgedehnte Parkplätze. Übrig blieb zwischen Eutiner Ring und dem Möhlenbarg die Grünanlage des Bürgerparks mit seinem Mittelpunkt im Großen Parksee.

Rad und Fußwege umrunden ihn voneinander getrennt und verbinden im Süden unterhalb des bewaldeten Möhlenbargs die Parkanlage mit dem Moorwischpark. An ihrer Ostseite grenzt ein baumbestandener Hang an die Grundstücke Auguststraße, davor ein Sportgelände. Im Westen liegt eine 2015 eingeweihte Skateranlage und dahinter eine ausgedehnte

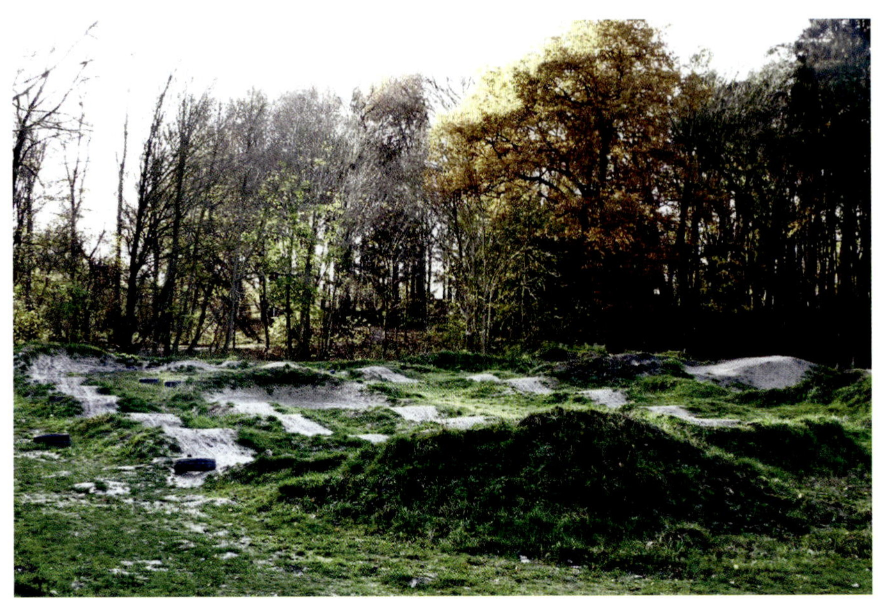

Dirtbikebahn. Südlich begegnet uns auf dem Verbindungsweg zur Klaus-Groth-Straße linkerhand Wiesengelände, zur Rechten tritt das Waldstück des Möhlenbergs heran, das zu privaten Grundstücken gehört. In der Wiese liegt eine etwa 200 Quadratmeter große und einen Meter tiefe künstliche Mulde, in der sich Regenwasser sammelt, soweit es nicht durch die Gräben abfließen kann. Sie ist ein beliebter Platz für Rehwild.

49. Der Moorwischpark – entlang der Clever Au

Zwischen Klaus-Groth-Straße und Cleverhofer Weg,
Haltestelle Stockelsdorfer Weg, Linien 7,9

Jenseits der Klaus-Groth-Straße gelangt der Wanderer über die Clever Au in den Moorwischpark, der im Osten weiterhin von der Clever Au begrenzt wird. Vor der Brücke zweigt ein Pfad entlang der Au in Richtung Mühlenstraße ab, geradeaus umrundet der Weg ein höhergelegenes Wohngebiet,

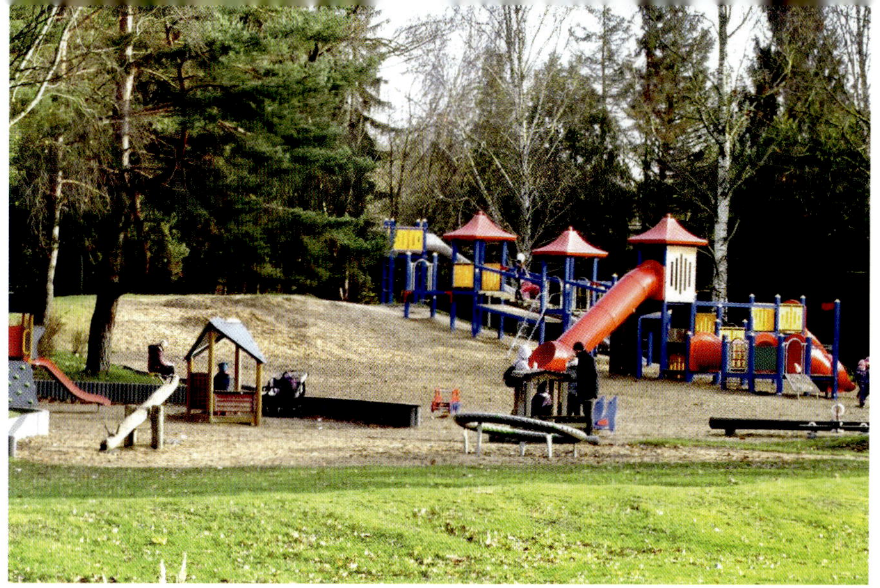

um dann in die Niederung des Parks zu führen und weiter parallel zur Au bis zum Cleverhofer Weg. Rechterhand erstreckt sich ein großer Teich, teils baumumrandet, dahinter eine Grünfläche, sie ist mit Solitärbäumen durchsetzt und geht südlich in ein baumbestandenes Gelände über. An der Südspitze des Gewässers teilt sich der Weg auf. Geradeaus erreicht er den Cleverhofer Weg, westlich die Hindenburgstraße und nach Osten hin die Berliner Straße. Damit ist der Ortsteil Cleverbrück durch diesen Grünzug fußläufig direkt mit dem Stadtzentrum verbunden. Wo die Wege sich trennen, hat die Stadt einen weitläufigen Spielplatz mit Bänken und unterschiedlichen Spielgeräten angelegt: Reckstange, Rutsche, Seilbahn, Spielhaus, Tischtennisplatte, Wippe, Wackelbrücke, Kletterspinne, Schaukel sowie eine Sandfläche bieten vielfältige Möglichkeiten der Betätigung. Für Erwachsene gibt es auch einen Grillplatz.

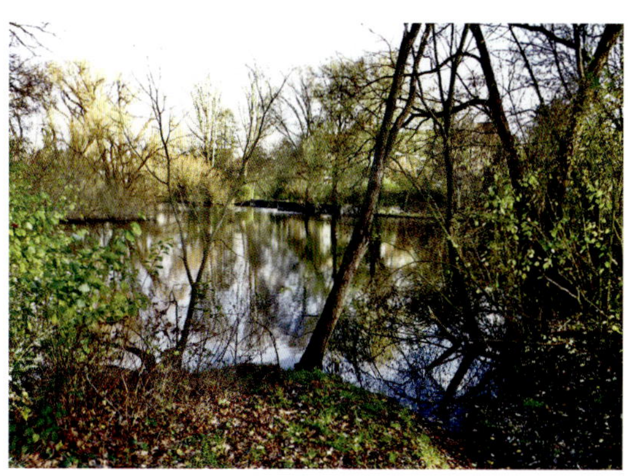

In Lübecks Nachbargemeinden: Stockelsdorf

Im Nordwesten geht die Bebauung der Hansestadt nahtlos in die Gemeinde Stockelsdorf über, die wie Bad Schwartau bereits zum Kreis Ostholstein gehört. Sie hat sich aus einem Gutsdorf entwickelt, das zwar zur Grafschaft Holstein gehörte, doch seit 1330 im Besitz Lübecker Patrizierfamilien war. Mittelpunkt des Gutes war das 1761 errichtete Herrenhaus, ein eingeschossiger Backsteinbau mit einem übergiebelten Mittelrisalit. Hinter dem Gebäude erstreckt sich der Herrengarten, eine ehemals barocke, dann stark verwilderte Anlage, die jetzt jedoch überplant wird.

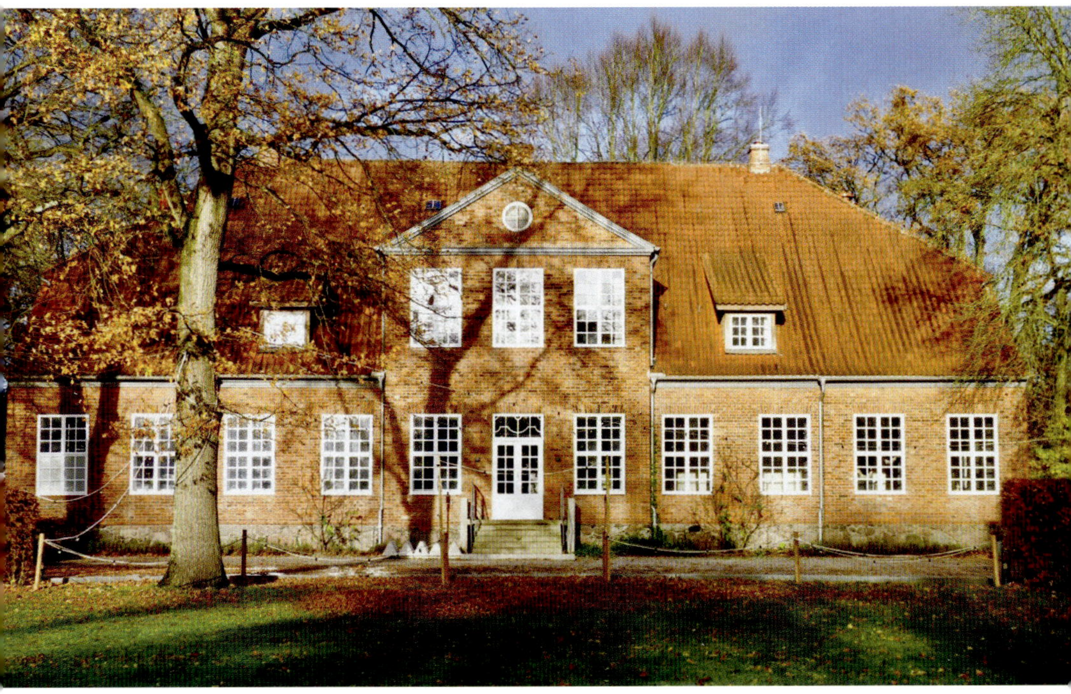

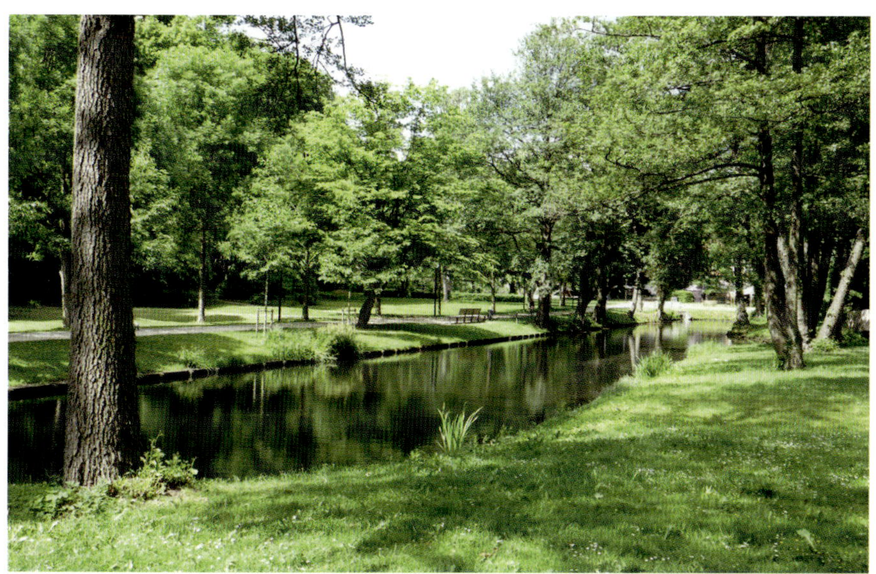

50. Herrengartenpark

Dorfstr. 7, nächste Haltestelle weiter entfernt: Hohlweg, Linie 9

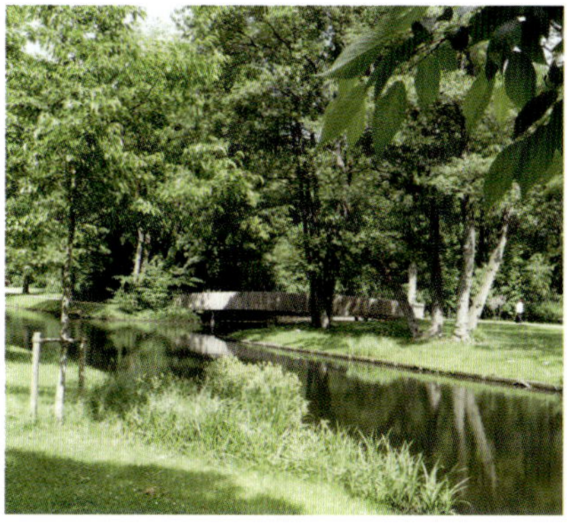

Der Nordteil der ursprünglichen Gartenanlage ist seit Jahren bereits Sportgelände. Der südliche Park wird seit 2017 in mehreren Bauabschnitten neu gestaltet. Erhalten bzw. wiederhergestellt wurde dabei das langgestreckte zentrale Wasserbassin, in der Achse des Herrenhauses gelegen. Zwischen beiden liegt ein Rasenrondell in einem Sandquadrat vor der Terrasse des Gebäudes. Beidseitig dehnen sich Rasenflächen, die nach Westen von einem randlichen Gehölz begrenzt werden, im Osten stehen dort mehrere solitäre Eichen, den Rand

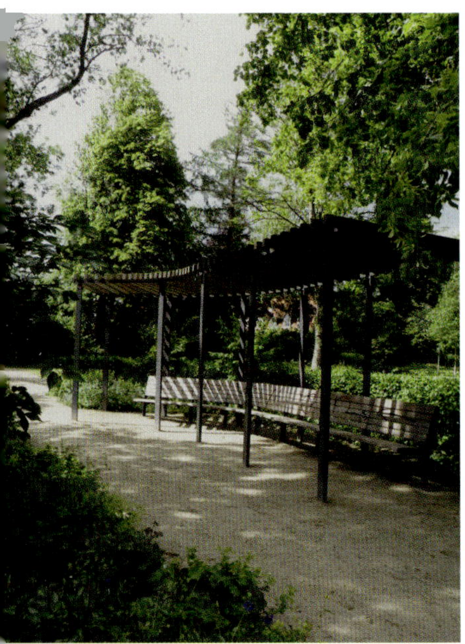

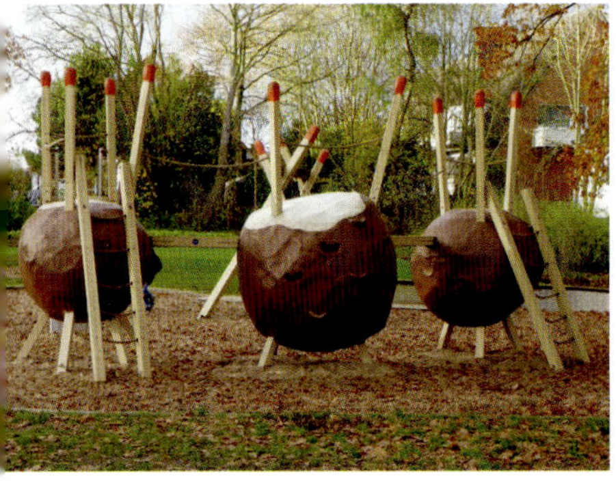

des Rasens bildet eine Kirschenreihe. Geschwungene Wanderwege gehen dabei nach rechts und links ab, östlich erreichen sie einen Kinderspielplatz sowie einen Bouleplatz. Bemerkenswert sind die Klettergeräte in Form riesiger Kastanien, aufgespießt wie auf Streichhölzer. Der westliche Pfad führt als Waldweg Richtung Süden, an ihm liegen einige Spielangebote.

Der Hauptweg verläuft gesäumt von Eschen und Erlen östlich entlang des Bassins, hier zweigt ein Weg ab, der einen von Hecken umgebenen Rosengarten durchquert. Bänke unter einer Pergola und Zaubernuß und Zierkirschen gehören zusätzlich hinein, außerhalb stehen Ahorne, Eschen und Linden. Dieser Weg setzte sich als Naturpfad durch das randliche Gehölz fort.

Die Westseite des Bassins ist anders gestaltet: Hier zweigt ein teichartiges von Bäumen und Rhododendren umstandenes Gewässer ab. Der Zufluß wird durch eine elegant geschwungene Brücke überquert. Die nördlich anschließende Rasenfläche soll auch als Festwiese nutzbar sein, auf ihr finden sich unterschiedliche Laubbäume. Südlich grenzt die Parkanlage mit Birkenbewuchs gegen die Sportstätten.

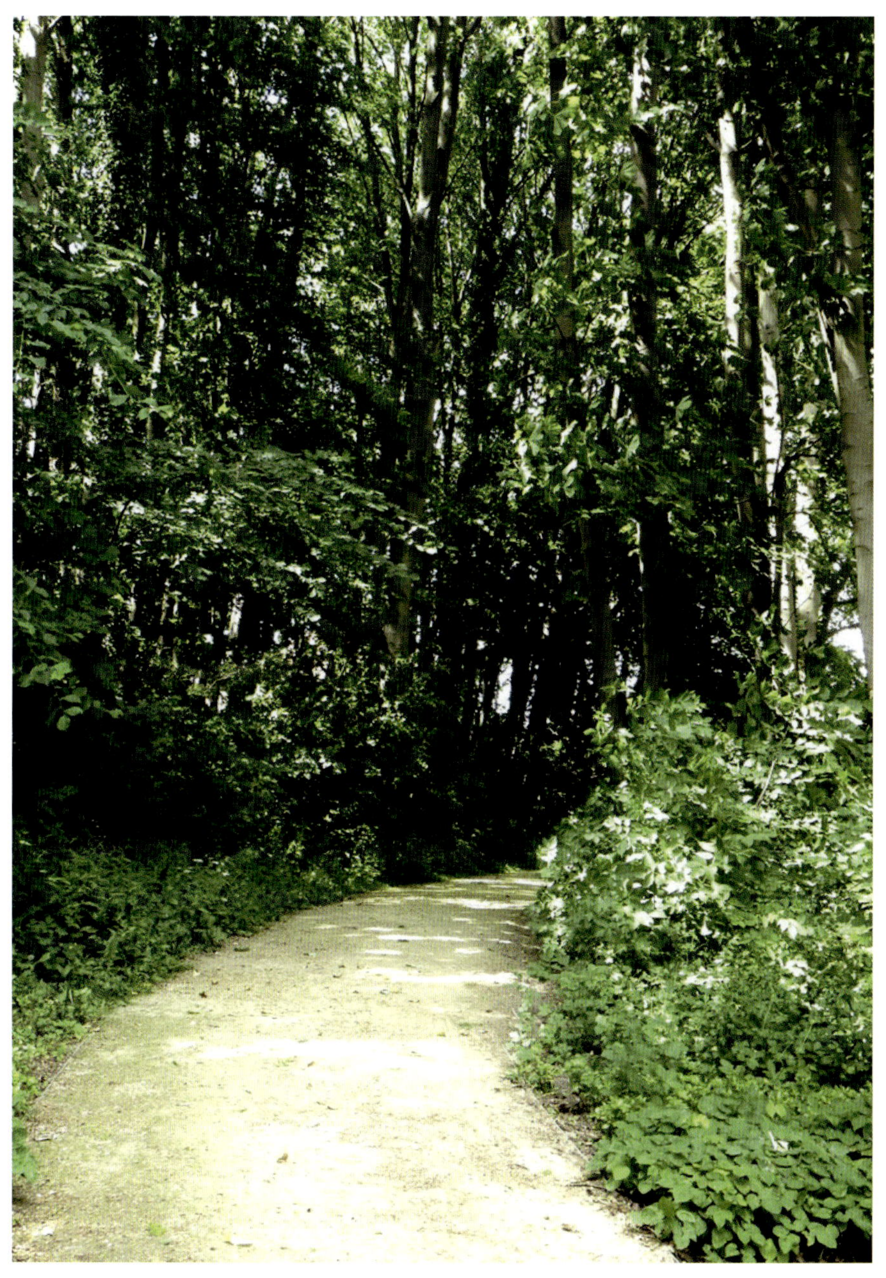

Anhang 1:
Personen, nach denen ein Park genannt ist

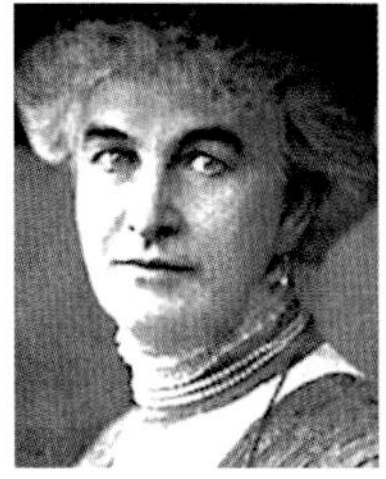

Ida Boy-Ed

* 17. April 1852 als Ida Cornelia Ernestina Ed in Bergedorf, heiratete sie 1870 den Lübecker Kaufmann Karl Johann Boy † 13. Mai 1928 Lübeck-Travemünde. Sie war eine deutsche Schriftstellerin. Der Senat der Hansestadt Lübeck verlieh ihr an ihrem 60. Geburtstag ein dauerhaftes Wohnrecht in der Wohnung im Zöllnerhaus neben dem Burgtor.

Friedrich Brügmann

† 1927. Besitzer des Hansahotels. Er betrieb das 1873 gebaute Haus seit 1898 zusammen mit weiteren Hotels bis 1926

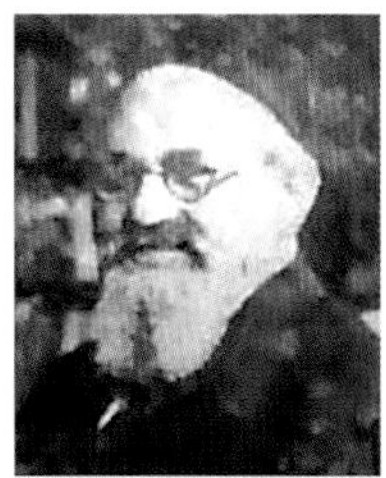

Joseph Zwi Carlebach

* 03. Januar 1883 in Lübeck, † 26. März 1942 (mit seiner Familie im KZ ermordet). Er entstammte einer bekannten Rabbinerfamilie, wirkte als Rabbi in Lübeck, war Schriftsteller und Naturwissenschaftler.

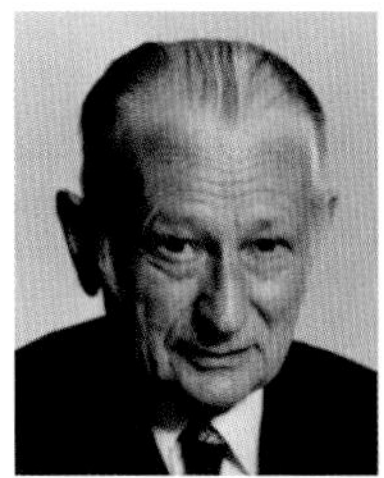

Dr. Heinrich Dräger

* 02. Juli 1898 in Lübeck, † 28. Juni 1986 in Lübeck. Er war Industrieller und vielfältiger Mäzen der Stadt. 1982 wurde er zum Ehrenbürger Lübecks ernannt.

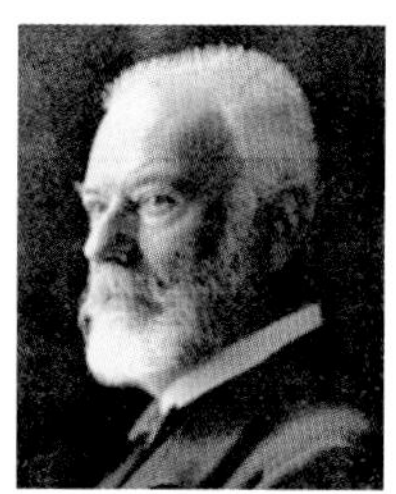

Johann Hermann Eschenburg

* 19.08.1844 in Lübeck † 01.01.1920 in Lübeck, war Senator und Bürgermeister der Stadt. Er erwarb 1885 die Villa am Jerusalemsberg.

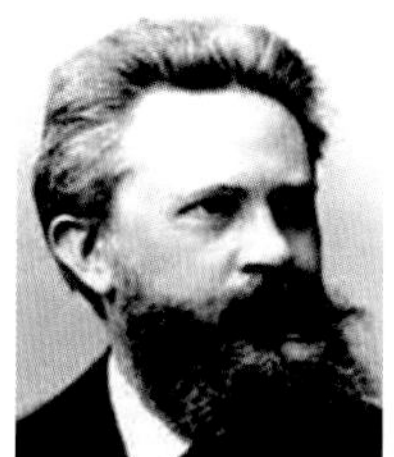

Hermann August Wilhelm Karl Gebhard

* 21. April 1843 in Braunschweig; † 6. Oktober 1906 in Lübeck. Er war 1984 -1891 Mitglied des Reichstags für die Nationalliberale Partei und wurde 1891 Leiter der Landesversicherungsanstalt der Hansestädte Bremen, Hamburg und Lübeck.

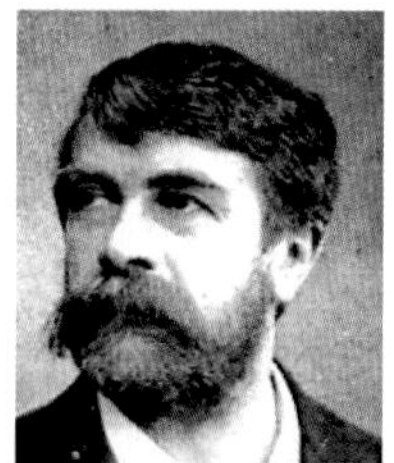

Carl Friedrich Ernst von Großheim

* 15. Oktober 1841 in Lübeck, † 5. Februar 1911 in Bad Rippoldsau, Er war ein deutscher Architekt und seit 1880 Mitglied der Preußischen Akademie der Künste. Seit 1910 auch deren Präsident.

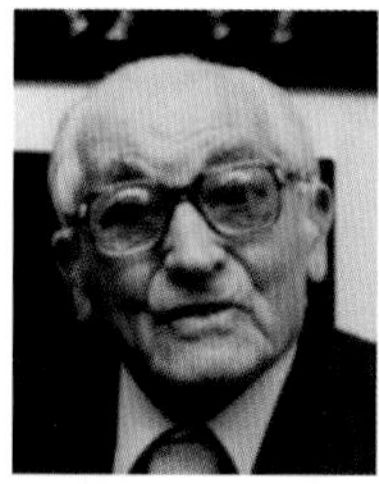

Rodolfo Groth

* 02.01.1881 in Lübeck als Rudolf Groth, † 07.02.1985. Als Kaufmann in Mexiko reich geworden, wurde er zum Stifter und Mäzen in Lübeck. 1982 ernannte ihn die Stadt zum Ehrenbürger.

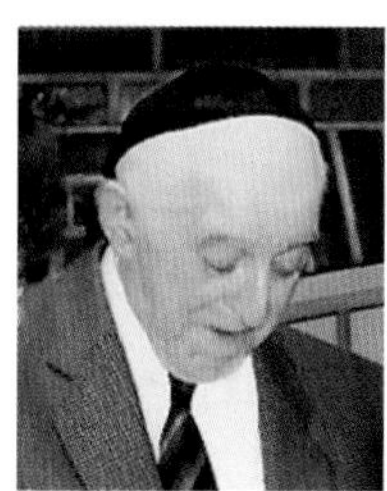

Berthold Aron Katz

* 11.12.1915 Lübeck, † 19.07.2000 Lübeck. Er war Mitglied einer jüdischen Familie in Lübeck. Schon als Jugendlicher wurde er im Dritten Reich ausgegrenzt, inhaftiert, psychisch und physisch mißhandelt. 1939 gelang die Ausreise nach Palästina, 1950 kehrte er nach Lübeck zurück und wirkte als Kantor an der Synagoge.

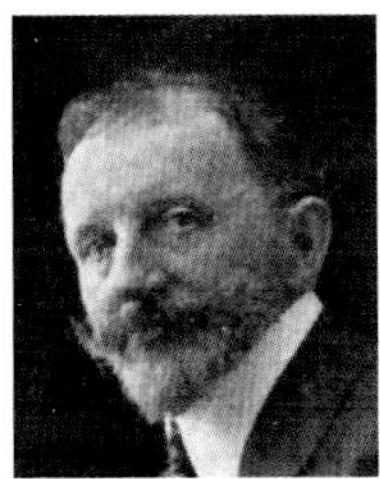

Willibald Leo Freiherr von Lütgendorff-Leinburg

* 8. Juli 1856 in Augsburg; † 31. Dezember 1937 in Weimar. Er war Maler, Kunsterzieher und Kunsthistoriker. 1901 wurde er erster Leiter der Gemälde- und Kunstsammlung im neu erbauten Dom-Museum.

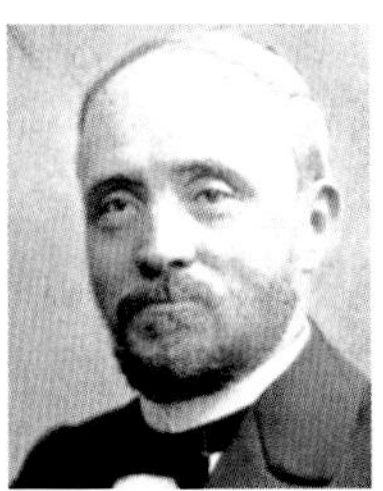

Peter Rehder

* 28. April 1843 in Oster-Jork, † 25. April 1920 in Lübeck. Er war Wasserbauingenieur. Als Wasserbaudirektor der Freien und Hansestadt Lübeck plante er den Elbe-Lübeck-Kanal.

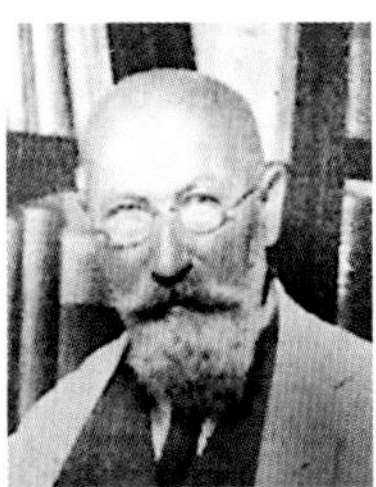

Dr. Hermann Zippel

* 2. Februar 1864 im Vogtland, † 16. Juli 1935 Hamburg. Er wirkte als Arzt in Travemünde, wo er sich vielfältig engagierte u.a. als Vorsitzender im Turnverein und Chorleiter der Liedertafel sowie als Abgeordneter in der Travemünder Bürgerschaft.

Anhang 2: Bekannte Gartenarchitekten, die in Lübeck gewirkt haben

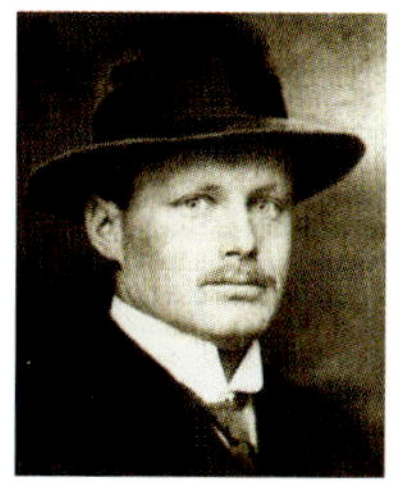

Erwin Barth

* 28. November 1880 Lübeck; † 10. Juli 1933 Berlin. Er war 1908 bis 1911 Stadtgärtner in Lübeck. Er plante bereits 1909 einen ersten Schulgarten und legte den Marlipark an. Von ihm stammen auch die Entwürfe für den Vorwerker sowie den Waldhusener Friedhof und den Ehrenfriedhof.

Metaphius Theodor August Langenbuch

* 04. September 1842 Eutin, † 02. Mai 1907 Lübeck. Er war ein deutscher Gartenarchitekt und sei 1879 Lübecker Stadtgärtner. Er plante die Grünanlagen nach dem Kanalbau und legte den Stadtpark an.

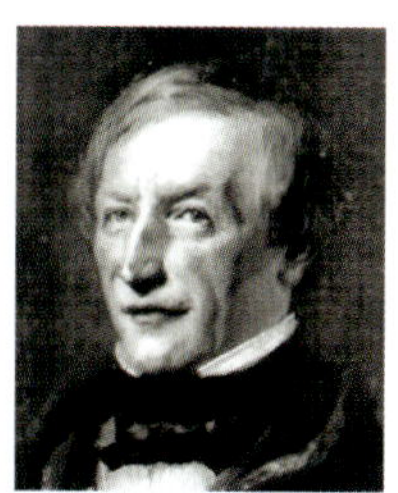

Peter Joseph Lenné

* 29. September 1789 † 23. Januar 1866. Er war preußischer Generalgartendirektor. Er beriet die Stadt bei der Grünflächengestaltung der Wallanlagen.

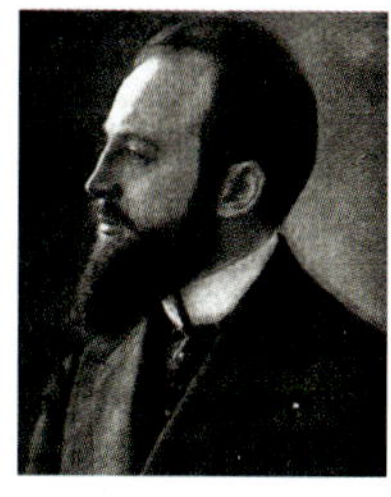

Harry Maasz

* 05. Januar 1880 Cloppenburg; † 24. August 1946 in Lübeck. Er gestaltete den Schulgarten neu und plante (vergeblich) einen Volkspark im Herrengarten.

Vom gleichen Verfasser: Zwei Bücher über Lübeck:

Eckhard Lange: Lübeck ausgeplaudert

Taschenbuch: ISBN: 978-3-7541-166 (268 Seiten, € 9.99)

ebook: ISBN: 978-3-7531-89666 (273 Seiten, € 3,99)

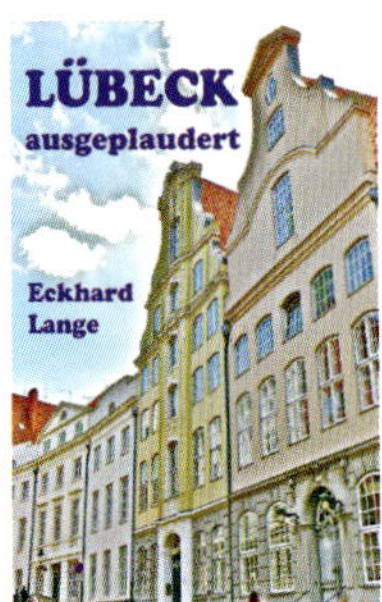

Jeder Giebel in dieser Stadt atmet Geschichte, auch wenn sie sich oft ein wenig hinter der Fassade versteckt. Geschichte aber will erzählt sein, wenn sie lebendig werden soll. Nüchterne Zahlen, bloße Fakten - das würde uns diese Stadt nicht näherbringen. Also werden hier die fast neunhundert Jahre, die Lübeck nun schon auf dem Buckel hat, im Plauderton aus der Vergangenheit geholt. Eben damit sie uns wirklich lebendig vor Augen treten.

Eckhard Lange: Die Faehlings, eine Lübecker Familie. Roman einer mittelalterlichen Stadt

Taschenbuch: ISBN 978-3-748512-87-5 (782 Seiten, € 18,99)

ebook: ISBN 978-3-7380-8204-3 (577 Seiten, € 5,49)

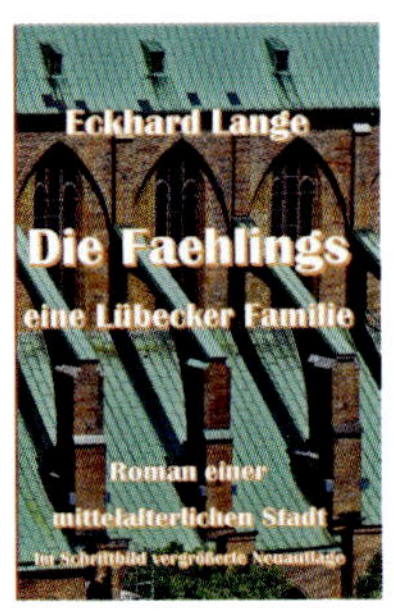

Vier Jahrhunderte Stadtgeschichte hat die Familie Faehling mitgestaltet oder auch mitdurchlitten. Auch wenn es sie nie wirklich gegeben hat: Sie macht die Vergangenheit lebendig mit ihrer Tatkraft oder ihrem Misserfolg, ihrem Glauben oder ihrem Zweifel. Sie fahren über die Ostsee und besuchen die Kontore der Hanse, viele sitzen im Rat der Stadt und verhandeln mit Fürsten, ihre Frauen führen Geschäfte oder leiten ein Kloster. All die Menschen aber, die ihnen dabei begegnen – sie haben wirklich gelebt, Könige und Kaufleute, Künstler und Kirchenmänner.